AF276773

El pan y los molinos harineros de agua en las tierras valencianas

Rafael Cebrián Gimeno

EDITORIAL
SARGANTANA

No se permite la reproducción total o parcial de este libro, ni su almacenamiento en un sistema informático, ni su transmisión por cualquier procedimiento o medio, ya sea electrónico, mecánico, por fotocopia, por registro o por otros medios, sin permiso previo y por escrito de los titulares del *copyright*.

«Cualquier forma de reproducción, distribución, comunicación pública o transformación de esta obra solo puede ser realizada con la autorización de sus titulares, salvo excepción prevista por la ley. Diríjase a CEDRO (Centro Español de Derechos Reprográficos, www.cedro.org) si necesita fotocopiar o escanear algún fragmento de esta obra».

El pan y los molinos harineros de agua en las tierras valencianas

© Del texto: Rafael Cebrián Gimeno
© De las imágenes: Rafael Cebrián Gimeno
© De la imagen de cubierta: Molí de Montcada
© De esta edición: Editorial Sargantana, 2024
Email: info@editorialsargantana.com
www.editorialsargantana.com

Primera edición: octubre, 2024

Impreso en España

PEFC

Los papeles que usamos son ecológicos, libres de cloro y proceden de bosques gestionados de manera eficiente.

ISBN: 978-84-10046-02-3
Depósito legal: V-3050-2024

EL PAN Y
LOS MOLINOS
HARINEROS
DE AGUA EN
LAS TIERRAS
VALENCIANAS

Rafael Cebrián Gimeno

CONTENIDO

Primera parte.
De los cereales al pan

El porqué del pan y los molinos

Hay en este libro la evocación de un pasado milenario que subyace detrás de una barra de pan que con tanta facilidad adquirimos y consumimos, del pan dorado, crujiente, tierno y perfumado del día a día, su íntimo significado social y humano, con su emotivo legado depositado en los olvidados paisajes agrícolas, los trigales en los austeros secanos, la canción del agua en los regadíos y los sugestivos molinos. De las fatigas y sinsabores en las tareas tradicionales a que han dado lugar y de los oficios que ha generado en el largo proceso que va de los cereales al pan: trabajo y creatividad humana en la arquitectura e ingeniería popular del gobierno del agua; economía, sociedad, cultura e identidad territorial en las formas de vida determinadas por un contexto geográfico e histórico que reflejan los paisajes humanizados que ha generado. Saber del pan y honrarlo, de cómo un alimento tan sencillo y humilde que hunde sus raíces en la prehistoria ha significado tanto para los pueblos mediterráneos y cómo su simbología sigue unida a nuestro presente y cultura que ha decidido tantos aspectos de nuestra singularidad como pueblo.

Llegar al pan desde los cereales implica la necesaria mediación del molino para transformar el grano en harina, diversificando sus posibilidades como nutriente. Actividades asociadas una a la otra que nos ha legado un patrimonio popular de gran magnitud por su esencial protagonismo en la economía y formas de vida de los países mediterráneos. Labores interrelacionadas que nos hablan de nuestro pasado, vivas a lo largo de un significativo y duradero proceso histórico y que fueron vitales en las sociedades tradicionales. «El pan nuestro de cada día» y su primordial protagonismo desde la Antigüedad en la dieta mediterránea ha impregnado nuestra cultura, habla coloquial y la memoria de su ancestral consumo, que se ha interiorizado en nuestro imaginario colectivo como referente y sinónimo de comida, permanente símbolo y metáfora de los ciclos de la vida, de los sentidos y de las necesidades materiales y sociales del hombre.

De la primitiva rueda movida por la energía cinética del agua, uno de los primeros mecanismos en la historia de la ingeniería, nace el molino en sus distintas modalidades y aplicaciones, de las cuales me he limitado al molino harinero, al que dedico la segunda parte de este libro. En todas nuestras comarcas yacen abandonados molinos hidráulicos harineros, ruinas en su mayoría, algunos en lugares a veces insospechados, construidos junto a cauces secos la mayor parte del año y que solo funcionaban con las lluvias otoñales. Cada pueblo tenía su propio molino, varios si la población era importante; su distribución por toda la geografía valenciana ha sido notable en número. En la Huerta de Valencia, así como en otros lugares acogidos a la agricultura irrigada, la molinería tradicional aprovechaba las aguas abundantes y los cursos permanentes del riego, que ni consumía ni contaminaba y que compartía con los agricultores en una doble utilidad de tan preciado bien en territorios profundamente antropizados, muy diferentes al de los montes y los secanos cerealistas de nuestras comarcas interiores.

El vapor y la electricidad, las nuevas fuentes energéticas que dinamizaron el maquinismo en la Revolución industrial, terminaron con la secular prestación del histórico molino hidráulico, que se mantuvo activo hasta finales del siglo XIX, pero en progresivo e imparable declive hasta que, a mediados del XX, la molinería tradicional quedó totalmente extinguida y su legado postrado en el olvido y el abandono. De tan ingente y olvidada obra hidráulica en las tierras valencianas sobreviven escasos testimonios de edificios y maquinaria en aceptables condiciones de conservación. Muy pocos, restaurados y documentados, pueden ser visitados como museos. Un emotivo patrimonio cultural y etnológico identitario de gran magnitud e inacabables sorpresas y emociones que, con el largo preámbulo de los cereales y el pan, trato de trasmitir y aproximar a mi desconocido lector como una invitación a conocerlo y sentirlo, todo ello bajo una perspectiva personal de contenido humano y social referida a sus actores más humildes en su intento, muchas veces desesperado, por sobrevivir en las condiciones ambientales y económicas más adversas.

Hay en estas páginas reflexión y comunicación para conocer y por ello dignificar el pan y estimar la molinería tradicional como bien patrimonial, y, al mismo tiempo, rendir homenaje a hombres y mujeres que hicieron posible, con su voluntad y callada fatiga, la ancestral concordia laboral y social del trigo, del agua, el molino y el pan. No hay aquí nada que no haya sido dicho ya, el estudio pormenorizado de los molinos hidráulicos está bien documentado por la Universidad de Valencia, por medio de reconocidos historiadores, arqueólogos, etnólogos y geógrafos, con publicaciones y monografías especializadas de sólida base que dan cumplida respuesta a la totalidad de interrogantes sobre sus características técnicas y su vital función social y económica durante siglos. Algunas de estas publicaciones, a las que me he acogido como fuente informativa y documental, están referenciadas en la bibliografía; a ellas remito al lector si su curiosidad le lleva más allá de la brevedad y limitaciones de estos personales escritos.

Los cereales en la Antigüedad

En el Neolítico tiene lugar el revolucionario cambio cualitativo en la lucha humana por proveerse de víveres con la introducción de los cultivos y la domesticación de animales, origen de la cultura agro-pastoril que posibilitaba la reserva de alimentos, relevando al hombre de la incertidumbre y dependencia de la naturaleza salvaje como único proveedor. Los cereales, trigo, cebada y centeno, fueron las primeras especies inicialmente consumidas en su estado natural por poblaciones de cazadores-recolectores, una vez conocidos los ciclos de la fecundación y madurez de las semillas y artificialmente reproducidos por la mano del hombre en el Próximo Oriente. Su cultivo irradió a los pueblos mediterráneos conformando uno de los sustentos básicos del mundo ibero.

En el trascendental tránsito que separa a la nueva economía productora de la vida errante y sujeta al medio natural de las sociedades de cazadores-recolectores se modifican radicalmente las formas de vida, subordinadas a un nuevo orden de estructura social jerarquizada de grupos que explotan con su trabajo los recursos naturales, que organizan y deciden sus medios de subsistencia, conformando comunidades sedentarias por su sujeción a los inmutables ciclos agroganaderos y por la custodia de los bienes compartidos de producción. La unidad familiar, vinculada a la propiedad y a la vivienda, supuestamente se consolida como célula básica de la nueva sociedad con su simbología crucial en la articulación del colectivo en su dependencia del territorio productivo.

Con los asentamientos permanentes de agricultores que buscan la proximidad de los ríos, embrión del poblado y de la vida urbana, nace presuntamente el sentimiento de la territorialidad, de la pertenencia a un determinado enclave. Surge la división del trabajo y centros de poder de donde emergen las élites y la estratificación social del poder jerarquizado, tal como evidencia el valor material del ajuar que acompaña a los enterramientos, reflejo de las acusadas desigualdades del estatus en estas organizadas sociedades. Y, probablemente, nace el estamento militar para la defensa de los bienes de producción y la independencia y la seguridad del grupo, preocupación que se manifiesta en los poblados fortificados de altura asociados a una topografía que dificultaba su acceso y potenciaba su defensa.

En el impreciso e hipotético espacio en el que nos movemos y en el intento de comprender las antiguas civilizaciones, desconocemos en toda su dimensión el mundo religioso que estaba al servicio de este nuevo y significativo horizonte socioeconómico, si bien se admite la existencia de cultos, ídolos y el supuesto carácter mágico de muchas de las manifestaciones del arte rupestre por su indudable expresividad simbólica para representar creencias. No es aventurado suponer que el radical cambio de vida y costumbres que generaba la economía agro-pastoril en las nuevas comunidades, profundamente diferenciada de las precedentes en su función de aportar alimentos, fuera el origen de un universo ideológico de creencias y divinidades protectoras relacionadas con la naturaleza y sus inalterables cambios estacionales, determinantes de los periodos agrícolas y ganaderos, siembra, cosecha y pastoreo, que acotan vitales etapas de tiempo, trabajo y festividad en la vida social y religiosa de los pueblos. Todas las culturas han creado divinidades a su imagen y semejanza, de natural relación con los factores esenciales que determinan su supervivencia, un oscuro y remoto punto de partida de rituales marcados por la invocación a poderes sobrenaturales que conjuren la adversidad y el infortunio y propicien la protección del grupo humano y sus bienes de producción, soporte de su existencia. Así, al menos, ha sido la permanente presencia de la religión en la sociedad humana.

La complejidad y la trascendental relevancia del desarrollo agro-pastoril comporta la antropización de los paisajes, la modificación física de las tierras arrebatadas al bosque y al matorral, devenidas en espacios artificialmente productivos, determinantes de una nueva relación del hombre con la naturaleza, marcada por su distanciamiento del medio natural con el que deja de tener un equilibrio como un elemento más de los ecosistemas para utilizarlo en su provecho, en una permanente explotación sin tregua de sus recursos.

Asociado a la consolidación de la agricultura y la ganadería como fuente de alimentación, la inventiva humana responde con nuevas técnicas, diseñando una serie de elementos de la cultura material y del ajuar doméstico. Construcciones específicas y cerámicas evolucionadas en función de unas necesidades de conservación de nuevos alimentos y el agua; enseres, cestería, útiles, ornamentación, tejidos... Nace la refinada industria lítica de la piedra pulimentada, hachas y azuelas, y, con finas láminas cortantes de sílex, herramientas creadas ex profeso para la preparación de las tareas agrícolas en los campos y los cultivos, tales como las hoces para la siega. El uso intensivo del hierro permitió la creación de un variado utillaje específico de la explotación agrícola —yugos, legones, hachuelas... y un elemento fundamental: el arado—, auxiliares del trabajo cuyo diseño, por su probada eficacia, permanecen desde tan lejanos tiempos hasta nuestros días sin apenas alteraciones hasta que la mecanización del campo ha revolucionado por completo las tareas agrícolas.

En los procesos posteriores de trasformar la semilla de los cereales básicos en harina, que incrementaba sus opciones culinarias, aparece el molino de piedra, el primer utensilio para molturar el grano, consistente en una piedra plana horizontal y otra curva en forma de barca, la cual, movida manualmente sobre la primera, tritura el grano por frotación hasta convertirlo en harina. Un rudimentario e innovador mecanismo que nos llega desde la Edad del Bronce, perfeccionado mediante un sistema de rotación de dos ruedas circulares con un eje de unión entre ambas, una fija de base y otra superior volandera movida por la fuerza humana o animal, el «molino de sangre». Fue una importante mejora de mayor rendimiento que había de perdurar durante siglos hasta el logro de sofisticados sistemas y mecanismos movidos por la fuerza motriz del agua o del viento, que aumentaron la producción y liberaron al hombre de la fatiga del trabajo.

Sin el imperativo de supervivencia de la sociedad basado en la caza y la recolección por una economía agro-pastoril, capaz de crear excedentes de alimentos que se podían conservar durante bastante tiempo, su seguridad material fue el motor de la evolución cultural y de la creciente complejidad de las estructuras sociales, germen del sentimiento de propiedad y su valoración como riqueza, el poder que emana de su posesión y las desigualdades sociales en el acceso a su disfrute y distribución. En otro sentido, la protección de los bienes y la reserva de excedentes respecto a otros grupos humanos harán necesaria la defensa de lo conseguido con poblaciones fortificadas, el uso de las armas y el estamento militar.

Los cereales, su durabilidad y resistencia ante la putrefacción que facilitaba su almacenaje y transporte, favorecieron su cultivo sobre otros vegetales en los albores de la agricultura. Su calidad como nutriente, junto a dos tempranos frutos de la historia de la agricultura, el olivo y la viña, conformaron los cimientos desde el mundo clásico grecorromano de la trilogía mediterránea. Triada que se identifica con rasgos propios de pueblos ocupando una extensa geografía, en ocasiones muy distanciados entre sí, pero orillando un mar común y compartido, el Mare Nostrum, cuna de culturas, de la democracia, estados e imperios, colosal conjunto de naciones y lenguas donde la creatividad ha alcanzado las más relevantes cotas sociales del saber y el arte.

La Cova de l'Or de Beniarrés (Alicante). La investigación arqueológica ha revelado en varios yacimientos del ámbito mediterráneo la aparición de la agricultura y la domesticación de animales en el sexto milenio antes de nuestra era, una cultura productiva radicalmente diferenciada de la depredadora de cazadores-recolectores. Varias cavidades, distribuidas por nuestra geografía, documentan este capital periodo, especialmente en las comarcas meridionales, entre ellas La Sarsa (Bocairent), La Bastida de les Alcusses (Moixent) y, por la excelencia y relevancia de los restos exhumados, la Cova de l'Or, situada en el término de Beniarrés (Alicante), a 650 metros sobre el nivel del mar en las laderas meridionales de la sierra de Benicadell, frente al amplio valle que cruza el riu d'Alcoi en la comarca de la Foia del Comtat. El afortunado hallazgo en esta notable cavidad de granos de cereales, trigo y cebada, conservados gracias a su tueste, intencionado o probablemente producido de manera fortuita por la proximidad de las hogueras, ha supuesto para la investigación datar cronológicamente el nacimiento de la agricultura en la zona.

Una sala de grandes dimensiones, con la luz de su entrada y la de una abertura cenital al exterior en su vestíbulo, proporcionaba excelentes condiciones de habitabilidad para las necesidades de protección y de confort de tan remoto periodo cultural. La estratigrafía, puesta al descubierto por varias campañas de excavación e investigación arqueológica, y la información que ha proporcionado como base del conocimiento de las primeras comunidades agrícolas y ganaderas mediterráneas peninsulares, resumen un largo periodo de ocupación y evolución cultural que sitúa a esta cavidad como uno de los máximos exponentes del Neolítico valenciano.

A tan notable hallazgo testimonial de grupos humanos asociados en su supervivencia a una economía productiva, agrícola y ganadera, complementada con la caza y la recolección, se suma la riqueza y variedad de los elementos de la cultura material generados por las nuevas formas de economía y vida, aplicaciones evolucionadas de las industrias de piedra y hueso, cerámicas decoradas, elementos ornamentales de ajuar doméstico y de adorno personal realizados en hueso. El notable y diversificado conjunto de material exhumado durante varias campañas de excavación y estudio está depositado en los museos de la Prehistoria de Valencia y de Camil Visedo de Alcoi.

Los cereales en la cultura mediterránea

Pan de trigo, aceite de olivo y parra de vino
Cebada, centeno y trigo, mucho sol y poco abrigo
Quien trigo siembra, pan recoge.

A partir del renovador horizonte de la conquista de nutrientes, revelado en el País Valenciano por los hallazgos de la Cova de l'Or y otros yacimientos, el cultivo cerealista se consolida y se extiende como histórico soporte alimenticio de una extensa geografía humana, configurando un modelo de vida y de sociedad vertebrada por la economía, la producción y el trabajo, nexo vital inductor de nuevas creencias, profanas o religiosas, celebraciones y festividades, expresiones anímicas enmarcadas por el contexto básico de las tareas agrícolas.

El largo ciclo anual de labores, obligadamente ceñidas a los periodos estacionales, en la preparación de los campos, la siembra, la cosecha y la trilla, así como la separación del grano de la paja como culminación de muchos meses de trabajo que proporcionan la seguridad alimenticia, organiza y cohesiona a las nuevas sociedades. Labores que han generado una singular cultura de construcciones específicas, como eras, graneros, silos; numerosos útiles y herramientas; oficios…, y un extenso léxico propio dentro del amplio campo lingüístico de la cultura agrícola.

Antes de la llegada de los romanos a nuestras tierras, los cereales formaban parte de la alimentación básica de los iberos, además de otros productos de origen agrícola o ganadero, la caza y la recolección como aporte complementario. La dominación romana hizo de Hispania el «granero de Roma», tanto por su elevada productividad como por su apreciada calidad, considerada entre las mejores del imperio, en una época en la que el consumo de cereales ya se había afianzado como uno de los nutrientes esenciales de la mayoría de la población del mundo mediterráneo, especialmente entre las clases humildes.

El término *cereales* tiene su etimología en Ceres, diosa de la agricultura y de la fecundidad en el mundo romano, deidad que enseñó a los humanos el arte de cultivar la tierra, sembrar, cosechar el trigo y elaborar el pan. Ceres se relaciona con Deméter, diosa de la agricultura en la mitología griega, protectora de las cosechas, la fertilidad de los campos y los ciclos estacionales. Isis, la gran diosa madre de la agricultura de los egipcios, de culto extendido por el mundo grecorromano, según la tradición enseñó a los pueblos del Nilo, junto a su esposo Osiris, la agricultura, el trigo y la cebada. El río, con sus periódicas inundaciones, fertilizaba la tierra y fecundaba de forma natural las semillas de los cereales, procesos reproducidos artificialmente por una civilización que tempranamente elaboró el pan y lo tuvo como uno de los soportes básicos de alimentación del pueblo.

En la Roma pagana se funden las diversas religiones procedentes de la pluralidad de pueblos y culturas de su ámbito de dominio e influencia, aceptando indiferente desde su politeísmo la múltiple disparidad de creencias, sin la intolerancia que normalmente se deriva del monoteísmo. Este prolijo panteón de dioses era compartido con la adoración de las divinidades locales de los pueblos y los campos, cultos arraigados de veneración de la tierra como deidad.

El cristianismo, un credo más entre los muchos que poblaban el universo anímico romano, se consolidó como creencia cuando pasó a ser en el año 380 religión de Estado, unidad que afianzaba su creciente influencia y proselitismo, favorecido en su expansión por la sólida estructura estatal romana, política, social, administrativa, económica, militar y lingüística, articulada por una vasta trama de calzadas que aseguraban la comunicación hasta los más remotos lugares de la geografía imperial. Tomando el latín como lengua vehicular, la Iglesia Primitiva expandió su dogma y la teatral escenificación material y simbólica —muy al gusto romano— de su elaborada liturgia. Cristianizando fiestas paganas, algunas divinidades tutelares se cambiaron por el santo o mártir de turno de la etapa del cristianismo perseguido y se incorporaron al calendario festivo-religioso de las sociedades agrarias, conformando el santoral intermediario entre la invocación popular y el inescrutable misterio del más allá. Las comunidades de agricultores con economías de supervivencia, tan sensibles en sus plegarias mirando al cielo de donde les llega la bonanza o el infortunio, son las que mejor han conservado la memoria ritual de un oscuro pasado sincretista, entre pagano y cristiano.

El pan ha hecho historia

> Nada más simple, nada más antiguo que los gestos del pan: apenas han cambiado desde que eran practicados en Egipto hace tres mil años.
> *Les secrets de la casserole*, Hervé This

El pan, producto emblemático y uno de los pilares de la dieta y la trilogía mediterránea, ha permanecido inalterable en los hábitos alimenticios de las diferentes culturas que se han sucedido en la historia del pueblo valenciano. Ha estado y está presente en todos los hogares, desde los humildes a los poderosos, si bien en las sociedades preindustriales ha sido el alimento esencial en las clases más desfavorecidas, que podían comer mucho pan con escasa «mezcla» y, en ocasiones extremas, el pan como único alimento. Todo se comía acompañado de pan, incluidos los platos de cuchara. Su consumo ha retrocedido de manera notable, paralelo a la modificación de los hábitos culinarios e inducido por un mayor nivel de vida que ha permitido acceder a una amplia gama de alimentos que diversifican y enriquecen la dieta, pese a lo cual, el arraigo del pan es tal que no se puede concebir una comida sin su irrenunciable presencia… aunque no se coma.

El panem latino da nombre al humilde pan, un alimento confeccionado solo con agua y harina (ácimo), con sal optativa para aumentar su sabor. Fue en principio una sencilla torta cocida sobre piedras calentadas en la hoguera; más tarde, el añadido de la levadura lo hace más esponjoso y le da más volumen. Barato y con tan reducidos ingredientes, su papel básico como recurso alimenticio de hidratos de carbono, proteínas, fibra, vitaminas y minerales, y de bajo contenido en grasas, ha sido una bendición para las gentes más desfavorecidas, de ahí su prestigio y su respetuosa mención todavía vigente en nuestra habla.

Casi hasta nuestros días el coste del pan ha sido coeficiente del valor de la alimentación e indicador de carestías o bienestar popular en la revisión salarial, un índice siempre tenido muy en cuenta por la clase política, preocupada en evitar las carencias de tan fundamental alimento, como principal germen del conflicto social y sus imprevisibles consecuencias. De secular presencia en el gobierno de los pueblos, algunas expresiones trascienden por su contenido que delata el interesado desvío del malestar social y el peligro que supone un pueblo hambriento: el *panem et circenses* (pan y circo) de los romanos, es decir, la distribución gratuita o a bajo costo de trigo para los más pobres y el regalo de entradas para los espectáculos, comida y entretenimiento que desviaba al ciudadano del problema político, evitaba males mayores y prestigiaba al gobernante que lo había instaurado.

Esta estrategia tiene sus versiones actuales, especialmente durante el franquismo, en el «pan y toros» o «pan y fútbol». En otra vertiente social, destaca el clamor que ha tenido la expresiva brevedad de un titular «pan y trabajo», grito de reivindicación en la lucha obrera, así como «Ganarse el pan», el orgullo de acudir con tu propio esfuerzo a tu sustento y dignidad en el trabajo. Añadimos «A pan y agua», la dieta de galeotes y reclusos, una frase utilizada metafóricamente con mucha frecuencia referida a la austeridad o a las restricciones impuestas; «No hay pan para tanto chorizo», desgraciadamente aplicable a cualquier época y siempre de rabiosa actualidad, a la vez que «Contigo pan y cebolla» nos da la medida de un amor y afecto desinteresado con la cita a dos alimentos símbolos de pobreza. «Ser un pedazo de pan» o su equivalente «Más bueno que el pan» es lo mejor que podemos decir de una bondadosa persona. Por su parte, «Los niños vienen al mundo con un pan bajo el brazo» es una sentencia que debemos interpretar remontándonos a su significado en las sociedades tradicionales, donde un miembro más eran brazos que se incorporaban muy pronto en trabajos compartidos en el ámbito familiar por todos sus componentes, especialmente en las comunidades campesinas, que en determinados periodos de la producción precisaba del esfuerzo de todos, ancianos y niños inclusive. Por otra parte, en las clases menesterosas los hijos eran el sostén de la vejez de sus padres —*proletariado* tiene su origen en *prole*—, el «pan bajo el brazo» que traían metafóricamente al nacer. «Pan comido» diremos de un cometido muy fácil. «Tiene miga» afirma la importancia o el contenido de un hecho o situación. Y si algo queremos resaltar que es muy bueno, podemos decir que es de «Toma pan y moja». Por el contrario, con la expresión proverbial «Con su pan se lo coma», equivalente a «Ya se apañará» o «Es su problema», apartamos con indiferencia a una persona por su forma de actuar en determinadas situaciones.

Pan de barco, bizcocho, galleta de mar. Fue el sustento principal de los marinos desde el siglo XV, centuria en la que dan comienzo, con la llamada «era de los descubrimientos», las largas travesías de descubierta que sucedieron al viaje de Colón. También alimento habitual de los soldados en las marchas. Harina, agua y sal como únicos ingredientes, muy trabajada la masa y terminada para su cocción en una lámina fina cortada en porciones y horneada hasta eliminar la humedad (*bizcocho*: cocido dos veces), darle dureza y sequedad, a fin de que pudiera mantenerse largos periodos de tiempo, años incluso. Muy barata, duradera y fácil de almacenar en las bodegas, resultó inseparable de le dieta de las tripulaciones hasta el siglo XIX, único alimento junto al queso cuando el estado de la mar impedía cocinar.

Su estado podía alterarse por la humedad y el calor, florecía y podía ser el hábitat de una pequeña y desagradable fauna, lo cual, obviamente, no suponía un impedimento para consumirla cuando no se contaba con otra alternativa. Dura como la piedra, los marinos la tenían que remojar para poder comerla, marinos muchos de ellos veteranos, desdentados por el escorbuto que de forma tan dramática diezmaba las tripulaciones. El Mediterráneo se libraba en gran manera de este «pan» por las cortas singladuras, el frecuente cabotaje y el gran número de puertos que facilitaban el avituallamiento con comida fresca.

La galleta, el pan de barco, ha hecho historia en la navegación a mar abierto como sustento básico en las duraderas travesías en los inmensos y desconocidos océanos, presente en la épica marina de la exploración geográfica de un mundo durante siglos de ignorados límites. Imprescindible en la alimentación a bordo de interminables viajes a ultramar de meses sin tocar tierra, viajes tantas veces sin retorno, la tosca galleta, esta modalidad del pan, está unida a la audacia de la aventura en el mar, al sufrimiento, hambre y enfermedades, penalidades y glorias del descubrimiento, voluntad, entereza y valor vertidos generosamente en la descubierta y conquista de lejanos horizontes azules.

La religión y el pan. Los cereales han ocupado un lugar sagrado en las teologías egipcia, griega y romana como símbolo de la fecundidad de la tierra y de la fertilidad en los humanos, mantenido de forma simbólica en las bodas con la lluvia de grano sobre los recién casados. Desde la Antigüedad, el pan y su básica incidencia en la vida humana, presente en las supersticiones y creencias de las culturas agrícolas, ha trascendido al campo de la religiosidad de los pueblos mediterráneos. Más allá de su importancia como alimento terrenal, representa en muchas religiones valores en los episodios espirituales de la vida y la muerte, integrado en su ritual y simbología mística que resume la frase evangélica «No solo de pan vive el hombre» y que, al margen de su contenido religioso original, sirve para expresar que la vida plena del hombre no puede limitarse solo a su alimentación.

La sacralización del pan en la fe cristiana toma forma junto al vino en la Última Cena, cuerpo y sangre de Jesús en el sacramento de la eucaristía; la hostia en la comunión es la oblea de pan de trigo ácimo (sin levadura). Recordemos el conocido milagro del pan y los peces con el que Jesús alimenta a un gran número de seguidores y su discurso «Yo soy el pan de vida», en el que se ofrece como existencia espiritual eterna. El pan, sea ácimo o fermentado, aparece con frecuencia en el culto y las ofrendas desde la Iglesia Primitiva, unido a la fe con repetidas referencias simbólicas, citas y pasajes de la Biblia y en el rezo del Padre Nuestro: «... danos hoy el pan nuestro de cada día». La sentencia bíblica por comer el fruto prohibido condenaba a la mujer y al hombre al sufrimiento, «Ganarás el pan con el sudor de tu frente», y así ha sido, al menos para los pobres, que son los que siempre han puesto el sudor en ganarse la vida.

Bendecido se repartía en determinadas celebraciones a lo largo del año en parroquias de Valencia, Castellón y Alicante, pueblos y aldeas, unido a la veneración del santo o virgen local en determinadas fechas, festividades que en su mayoría han desaparecido o han sido sustituidas por formas de celebración despojadas de mítica observancia y atentas solo a un fin lúdico. Seguir por nuestros pueblos este escenario de la religiosidad popular, tan antigua como el mismo pan, nos llevaría con asombro por una pintoresca variedad de formas y por el ritual que acompaña a su simbólica presencia. La ofrenda de «pan bendito» no es exclusiva de nuestra tierra y es compartida con otros lugares y países de creencias y cultura igualmente identificadas con los cereales y su respetado destino, el pan.

Durante los siete días de duración de la Pascua judía, que conmemora la liberación del pueblo hebreo de la esclavitud de Egipto, se come un pan ácimo (sin levadura), el *matzoh* o *matzá*, ya que, según la tradición del judaísmo, la huida no dio tiempo a dejar fermentar la masa. En algunos países musulmanes, también como símbolo religioso, se cocina un pan especial para algunas fiestas y para su consumo durante la celebración del Ramadán. Las denominadas «tres religiones del libro» suman un importante testimonio del pan consagrado y llevado a los altares. En este apartado costumbrista popular unido a la religión católica, hay además un largo listado de ceremonias del pan que se han dejado de festejar, celebraciones abandonadas por una sociedad cada vez más alejada en sus motivaciones de tradiciones y hechos que ya no dirige ni interpreta la Iglesia.

El valor religioso adjudicado por un gran número de culturas y creencias a las esencias del pan está lógicamente asociado a su función primordial en el bienestar y la alimentación de los pueblos y la inclinación humana a concederle un mítico valor en el que depositar sus esperanzas y protección, que tantas veces les ha sido negado en la tierra, invocando a un poder divino con un ritual organizado y bien aprovechado por la religión de turno.

El pan en la literatura y el arte. La literatura, el arte, el cine, la música, las canciones populares... como cita o motivo, han glosado el pan: no podían estar ausentes en una cultura en la que globalmente todos somos partícipes. El arte funerario egipcio es especialmente prolijo en pinturas y grabados murales, secuencias narrativas representando el cultivo de los cereales y de la elaboración y consumo del pan, además de pequeñas figuras alusivas de bronce de carácter doméstico ornamental o religioso. En el mismo sentido, en la civilización romana se representó repetidamente el pan en decoraciones murales. Un mosaico de Pompeya, *Casa del panadero*, ilustra esta temprana actividad, organizada de forma gremial y que en la Roma de Augusto contaba con 329 panaderías, hornos públicos de venta de pan, una prueba en su desarrollo y planificación de la importancia de este alimento en el mundo romano.

Escuelas y maestros de la pintura desde la Antigüedad han llevado a sus lienzos el pan, cuya importancia y dimensión en la historia del arte solo cabe como cita de su trascendencia en estas líneas. Inmortales que han recreado escenas campesinas en los trigales o el pan en las mesas dispuestas para la comida, entre los manjares en los bodegones, en temas religiosos, bíblicos, domésticos... Composiciones llevadas también a los tapices. El arte interpretativo, en el que incluimos la escultura, ha tenido el pan como un componente narrativo a través de la estética de su representación.

El pan aparece en el título de muchas películas, de las cuales cito por su significado el documental de 1933 de Luis Buñuel *Las Hurdes, tierra sin pan*, un reportaje cinematográfico que criticaba las condiciones infrahumanas de vida de una comarca cacereña. Allí, por sus más elementales carencias, el subtítulo «tierra sin pan» es el grito que mejor delata la miseria humana que atenazaba la existencia de sus habitantes.

El pan está presente en la literatura clásica; también en la Edad Media y en el Renacimiento es un motivo frecuente en la narrativa y la poesía, especialmente en el Siglo de Oro. En todos los momentos de la historia de la literatura, las alusiones al pan, dedicatorias y elogios, semblanzas y metáforas, cuestiones humanas y divinas, más la poesía, son de tal magnitud que nos perderíamos en su enumeración sin llegar a penetrar en su profundo legado. Sin entrar en tan extenso campo literario en el que el pan es sujeto de atención, solo, y a modo de un apunte, Pablo Neruda y su *Oda al pan*, este como un derecho que representa la comida de los pueblos: «El pan, para todos los pueblos. / Y con él lo que tiene / forma y sabor de pan repartiremos: / la tierra, la belleza, el amor. / Todo eso tiene sabor de pan».

Por su parte, Miguel Hernández nos ha dejado su conmovedora canción de cuna, *Nanas de la cebolla*, dedicada a su hijo y que escribió en la cárcel franquista en 1939, sentenciado a muerte, cuando su mujer le comunicó que solo tenía para comer pan y cebolla: «En la cuna del hambre mi niño estaba. / Con sangre de cebolla se amamantaba. / Pero tu sangre, escarchada de azúcar, cebolla y hambre». Un grito del dolor contra la infamia de una guerra y la pesadumbre de la pobreza inmortalizada en uno de los más sentidos poemas del siglo XX hispano. Mientras, León Tolstói nos trasmite su reflexión moral del pan compartido para que nadie carezca de él: «Mi trozo de pan solo sé que me pertenece cuando sé que todos los demás tienen una parte y que nadie se muere de hambre mientras yo como».

El pan nuestro de cada día

Para hacer pan, solo nos hace falta agua, harina,
dos manos para amasar y un horno para cocer.
Les secrets de la casserole, Hervé This

Harina y pan. Hay muchas clases de harinas, según la especie de trigo utilizado y su lugar de cultivo, que dan lugar a una extensa gama de calidades, comportamientos y sabores en los productos con ellas elaborados. La harina salía de la molienda con la cascarilla, el salvado/*segó*, y en las casas se cernía/*garbellava* con un cedazo/*sedàs* para separar el salvado, y quedaba una harina más blanca, limpia y sin impurezas, con la que se confeccionaba el «pan blanco», consumido por las clases pudiente. Este marcaba niveles de estatus social con el «pan negro», de la harina sin refinar, el pan integral de los pobres que, sin saberlo, se beneficiaban de un mayor aporte de nutrientes y de fibra que portaba el salvado y que se malograban con el refinado; un humilde pan que también podía tener su procedencia de otra variedad de cereal, como el centeno. Esta es la razón de que el pan negro se haya ganado su posición en las dietas saludables, una vez que ha dejado de ser el referente de la alimentación de los pobres, pese a lo cual, la preferencia mayoritaria es el pan blanco.

Uno de los panes distinguidos por su calidad desde antiguo es el candeal, que significa 'blanco', que recibe el nombre de la harina con la que se confeccionaba. Es un pan emblemático de la panadería española, también conocido como sobao, sobado, bregado... y *assaonat* en las tierras valencianas; de miga apretada, blanca y suave, corteza fina y dorada. Un pan delicioso, una verdadera joya gastronómica en vías de extinción: el trigo candeal apenas se siembra por su baja rentabilidad y porque la elaboración del pan con esta harina exige al hornero más cantidad que el necesario para el normal y más trabajo, lo cual encarece el producto o reduce el beneficio. El 2 de febrero del 2021, en *El País*, un artículo de José Carlos Capel, Premio Nacional de Gastronomía a la Mejor Publicación, titulado «Salvemos el pan candeal», citaba a su amigo Ibán Yarza, con el que reivindicaba este pan y compartía la preocupación de lo que consideran «una reliquia condenada a muerte».

Las familias tenían en el hogar sus reservas de harina, básicamente para elaborar el pan, además de empanadas, tortas, pastas, rosquilletas..., y como ingrediente complementario u optativo en varios guisos. A fin de comer siempre pan tierno, se solía amasar dos o tres veces a la semana y se llevaba al horno para cocerlo. Xavier Barriga, especialista con varias publicaciones sobre el arte del hornero en la confección de los derivados de la harina, nos dice: «Un buen pan sale de un buen amasado. Pan hecho en casa y con el sabor de siempre». Además, este sugiere que la palabra *paciencia* está compuesta de *pan* y *ciencia*.

Las masías y viviendas aisladas en el medio rural solían tener horno y, también, algunas casas en los pueblos, que horneaban su propio pan, además de la variopinta gastronomía derivada de la harina o de los asados, de carne o verduras. Las tareas de mantener la panera siempre llena, del amasado y el horno, estaban a cargo de las mujeres, así como del resto de trabajos de mantenimiento del hogar y de la familia, del cuidado de los niños y de los ancianos, callado y mantenido esfuerzo, el alma de las familias humildes en las sociedades tradicionales.

Este quehacer doméstico nos ha dejado sentencias que aún utilizamos como metáforas, reflejo de la importancia que antaño tenía la harina en la vida hogareña: «Cuando no hay harina todo es mohína», «Al que cierne y amasa de todo le pasa» y «Con las manos en la masa», que indica ocupación en una tarea, buena o mala, que ampliamos con una frase coloquial de parecido sentido, «Metidos o estar en harina», que recuerda al panadero, su figura blanqueada por la harina, y que aplicamos cuando nos encontramos inmersos en un trabajo o en una tarea y la responsabilidad que conlleva realizarlo. En otro sentido, coger a alguien en plena acción deshonesta que marca rotunda con la frase «Con las manos en la masa». Por otra parte, cuando queremos significar que algo no es de nuestra competencia, que está fuera de lo que tratamos o que es otra cuestión, podemos decir: «Eso es harina de otro costal».

Variedades de pan. Se han contabilizado en España algo más de 350 variedades de pan, como muestra Ibán Yarza en *Pan de pueblo*. ¿Cómo es posible que, con tan elemental composición —harina y agua, sal para darle sabor (o sin sal) y levadura para aumentar su tamaño y hacerlo más esponjoso— se haya logrado tal diversidad? El elevado número de clases de trigo y las características de las tierras y el clima de los territorios donde se cultivan ya anuncia la pluralidad de cualidades y comportamientos de la harina que se derivaban de estos factores, traducido en múltiples especialidades, calidades, texturas y sabores de pan, tantos como comarcas, regiones o países. Las maneras de trabajar la masa, los tiempos de fermentación y de reposo en las artesas y las formas del pan a manos del maestro hornero, según la tradición y la cultura propias de cada lugar, los posibles añadidos en la composición del pan, su figura, su elaboración con destino para una determinada culinaria... aportan, por sus marcadas diferencias, propiedades, aroma, color y gusto, y suman modalidades de pan. Son variedades que en su mayoría han desaparecido por la caída del consumo o rechazadas por antieconómicas por su elaboración a mano.

En las sociedades rurales tradicionales, los ingredientes de la comida provenían, básicamente, de su inmediato entorno productivo, agrícola, ganadero o de la pesca, dependencia de elementos que, condimentados según la costumbre y herencia cultural, ha dado lugar a especialidades gastronómicas con sello propio y titulación territorial que singulariza la diversidad y riqueza de la cocina popular española. Se puede viajar por la heterogénea geografía hispana de comarca en comarca y degustar en cada una de ellas un plato diferente identificado con la localidad por sus componentes y el personal estilo de su elaboración. El pan y la pluralidad de su oferta no solo en cuanto a sabores, sino también en su forma, tamaño y textura, queda dentro de esta órbita de la cocina popular como legado del reto alimenticio vinculado a los productos que las condiciones naturales de un territorio daban a sus habitantes.

En Valencia citamos *pataca* y su diminutivo *pataqueta; el pa de l'horta, rotllo, bollo, candeal/assaonat…, fogassa* (la hogaza castellana), *pa de pagés*… No termina aquí el enunciado, cuya continuidad nos llevaría en número y en sorpresas por los pueblos y comarcas. Había modalidades de «pan de lujo», con la harina limpia y el añadido a la masa de mantequilla, leche, grasa, semillas, huevo… Una modalidad consistía en la cocción del pan con un producto dentro, generalmente un embutido.

El pan duro. El pan sobrante de las comidas o el que se retiraba ante una nueva y tierna hornada quedaba en la despensa familiar como auxiliar de algunos guisos. Una familia podría desayunar con leche, malta o café, sopas de pan del día anterior o duro de varios días desde su cocción y, como variante, las tostadas, perfumadas y crujientes que, sin más que aceite, pueden dar un feliz comienzo alimenticio del día. Mojado en vino y con azúcar también se aprovechaba el pan duro, especialmente como merienda. El vino ha sido considerado alimento y como tal no solía faltar en la mesa, valoración que lo llevó a ser parte del salario medieval. Se dice que el *pa amb tomaqueta* era una forma de ablandarlo, de hacerlo más atractivo al paladar, y, si además se le añadía jamón (a la catalana), se había logrado un sabroso bocado. María Nicolau, cocinera, colaboradora en programas de radio de gastronomía y autora del libro *Cuina! O barbàrie*, nos dice: «No passa res per menjar pa amb tomàquet i coses tres dies seguits per sopar. Els italians poden menjar pasta cada dia, que també és blat molt amb condiments, i ningú no se n'exclama». Es un elogio de la sencilla comida y de los sabores de ayer y de hoy que el pan conlleva y que María exalta de nuevo en otro párrafo de su libro: «El plaer de la vida número 129 és mullar el pa al suc del plat de l'amanida de tomàquet i ceba».

Con el pan duro retirado se podía preparar una sopa, oportuna y reconfortante para el invierno, y a la que, desde un modesto punto de partida de agua, pan, aceite, ajo y alguna hierba, se le podía añadir huevo o la disponibilidad de otros alimentos de la despensa familiar, como tocino, jamón, chorizo… También se podían hacer picatostes, torrijas, pudin, postres con fruta madura…, y rallado, «empanar» carnes o verduras para freír, o añadido como mezcla en algún guiso o en salsas. Remojado y troceado, frito en una sartén con chorizo, tocino, panceta…, revuelto y con el añadido de huevos, era un plato familiar de tiempo frío, las migas, yantar habitual de pastores trashumantes y de campesinos cuando el trabajo temporal en la siembra o la cosecha les obligaba a permanecer días fuera de casa. Este plato nutritivo y reconfortante de la gastronomía popular en las duras jornadas laborales nos ha legado «Hacer buenas migas», que en el lenguaje coloquial significa llevarse bien, compartir amigablemente y tener un buen entendimiento con otra persona. A todo lo dicho añadimos que «Donde hay hambre, no hay pan duro» o «A pan de quince días, hambre de tres semanas», refranes que tan crudamente reflejan cómo la necesidad imperiosa de comer no se detiene en exigencias y exquisiteces.

No termina aquí el aprovechamiento del pan sobrante con tan variada y oportuna oferta culinaria: al finalizar la comida familiar campesina, en muchas casas era habitual que dejaran entrar a las gallinas, que picoteaban libremente todos los pequeños restos y migas de pan que quedaban. Personalmente lo he visto, sobre todo en las masías del ámbito de nuestras comarcas de montaña.

En la sociedad tradicional del medio rural, nada se desestimaba y apenas se generaban basuras. Este respetuoso cuidado sobre los alimentos sobrantes y su utilización provenía de la permanente inquietud de la precaria economía campesina, siempre sujeta a imprevisibles contratiempos que obligaban a una permanente reserva con que paliar bajas cosechas y disponer de reservas alimenticias para el improductivo y largo invierno. Nace de estas experiencias, que marcaban antaño la supervivencia en las comunidades campesinas, un sentimiento casi religioso por la comida con tantas fatigas ganada, de mayor arraigo en los sectores más humildes, que bien sabían de las carestías y hambrunas, propias o ajenas, llegando a una toma de conciencia que reprobaba tirar los alimentos como si de un pecado se tratara. Ya se sabe el viejo adagio, «La del pobre, antes reventar que sobre». En mi infancia, entre las clases populares, cuando un pan caía al suelo se recogía, se besaba y se decía a modo de bendición «Pan de Dios», un respetuoso comportamiento que formaba parte de la educación familiar de los niños de familias pobres, que muy pronto aprendían lo que vale el pan nuestro de cada día.

El consumo del pan retrocede. Desde hace varias décadas, el consumo de pan ha decrecido progresivamente, conforme se enriquecía la dieta familiar por la mejora de las condiciones económicas, a la vez que se han modificado los hábitos en la alimentación, menor consumición en algunos casos motivada por razones estéticas, por el aquel de que engorda. Parece que no es así y que sus saludables aportes de hidratos de carbono, proteínas, fibra, vitaminas y minerales, y su bajo contenido en grasas, son beneficiosos para una alimentación equilibrada y apta para todas las edades, salvo para la enfermedad celíaca o intolerancia al gluten. El pan ha dejado de ser bocado principal que antaño acompañaba en la comida a todos los platos, incluidos los de cuchara, pero sigue presente en el día a día, no falta nunca en la mesa que sentiríamos incompleta con su ausencia aunque no lo comamos. Su significativa imagen simbólica permanece intacta en nuestro imaginario colectivo como un irrenunciable apoyo gastronómico y cultural. Su evocación es memoria social que sigue representando situaciones y sentimientos.

Alimentos actuales derivados de la harina y elaborados por procedimientos industriales y comercializados por empresas especializadas han eliminado un buen número de variedades de trigo poco rentables, habituales en nuestras comarcas o provenientes de otras regiones, a fin de lograr la máxima productividad. La interesada selección de harinas refinadas —que prima variedades bajo un concepto puramente especulativo y sin criterio nutricional—, económicas y con propiedades que faciliten su funcionalidad para ser trabajadas ha ocasionado la pérdida de notables variedades que antaño trasmitían su calidad a las pastas, la panadería y la repostería. Un proceso que ha reducido de manera notoria las clases de pan y acrecentado la tendencia a la uniformidad de formas y sabores en su elaboración o a la adopción de recetas procedentes de otros países o regiones, con novedosos ingredientes. Hay que añadir que la industria agroalimentaria ha conseguido cereales sin gluten, atendiendo a proporcionar a los celíacos el suministro de derivados especiales de la harina, un logro interesado al contar con un rentable mercado, no obstante, positivo.

Además del pan

La torta/*coca* de pastor. Tortas ácimas, delgadas, de harina de trigo, agua y sal, cocidas sobre una losa de piedra precalentada en la hoguera o en la sartén, un primitivo y sencillo procedimiento que nos remonta al primer pan elaborado en la prehistoria y que ha sido alimento habitual de pastores y, en general, de gentes alejadas de sus casas por trabajos temporales o de camino por lugares deshabitados. «A falta de pan, buenas son las tortas», nos dice el refrán. Es la torta de los gazpachos, hecha también sobre brasas, forma tradicional en muchos lugares. Este guiso, una forma más de comer pan, cuenta con numerosas variantes, tantas como lugares donde se cocina, de ahí la repetida utilización del plural. Básicamente es una sopa con carne, caza, setas, verduras o pescado en el litoral alicantino, que se come en un plato sobre la misma torta, o bien con esta troceada sobre el caldo. Se le llama normalmente «manchego», si bien en nuestra tierra, donde es habitual en todas las comarcas del interior, cambia su nombre por el del lugar donde se cocina, que además puede tener algún ingrediente y forma de elaboración tradicional propia que lo singulariza.

Hay muchas versiones de la torta, la *coca*, muy popular en las tierras valencianas, un deleite gastronómico con pluralidad de creaciones en todos los niveles económicos. La más sencilla es la que acabamos citar, un recurso de gentes modestas en el que bien podemos aplicar el refrán ya citado de «A falta de pan, buenas son las tortas». La masa elaborada con aceite e igual cantidad de vino o cerveza, sal y con la harina que admitiera hasta lograr una determinada consistencia era una alternativa que mejoraba su sabor. Sobre esta base, su calidad y valor nutritivo se incrementaban y se lograba un buen bocado acompañándola en la cocción con algún ingrediente, como tomate, pimiento, alcachofas —la huerta valenciana y su agricultura intensiva facilitaba componentes con sus varias cosechas anuales—, atún, sardinas, embutidos, carne, tocino, pescado... La coca es el reflejo del territorio donde se hace, por el recurso, una vez más, de lo que está a mano y proporciona su entorno productivo. También de nueces y pasas, es decir, coca salada o dulce que, a su vez, puede ser abierta o cerrada (empanada). Generalmente de harina de trigo, pero también de maíz (*dacsa*) que en nuestra comunidad autónoma ha dado lugar a la *coca de dacsa*. Con harina de maíz, de trigo o la mezcla de ambas se elabora en muchos lugares de nuestra tierra el *mintxo*, muy popular en el interior alicantino: una pequeña torta con la variedad añadida de productos disponibles, con lo que hay en casa —como en la coca—. Las *cocas* y *mintxos* son un exponente más de la sabia y deliciosa comida popular que recurría a los sobrantes de las comidas de mesa y a los productos de temporada, abundantes y más baratos, cuyo aprovechamiento facilitaba una variopinta propuesta de bocados para todos los gustos y economías.

El *panquemao / pa socarrat / tonya*. Es un bollo dulce tradicional de las tierras valencianas, con un lugar cuya cuidada elaboración le ha dado renombre, Alberic, una población de la Ribera de Xúquer que cuenta en su patrimonio oral la leyenda según la cual, en tiempo de los musulmanes valencianos, una anciana judía hizo un pan tan apetitoso que despertó las ganas de comer y de vivir de la hija del visir de estas tierras, curándola y liberándola del maleficio por el cual languidecía enfermiza y que le privaba de disfrutar de las comidas. Hay otras versiones, con cambios que en nada alteran el tema central, del buen sabor del bollo, sus orígenes y su poder restaurador.

El *panquemao* es una delicia para desayunos y meriendas, de especial significado en la Pascua de Resurrección y su celebración popular en las tierras valencianas, antaño durante tres días en Valencia, tras la Semana Santa;

era inseparable de las meriendas al aire libre, en el campo o en la playa, que festejaban la recién estrenada primavera con juegos, cantos y exaltada alegría que dejaba atrás la pesadumbre y oscuridad católica que imponía la tristeza y renuncia a todo placer de los días de la pasión y muerte de Jesús. El *panquemao* especial que se consume esos días se denomina *mona*, con iguales componentes del habitual, pero de menor tamaño y de diversas e imaginativas formas, con adornos y huevo duro encima, estímulo a la imaginación que genera concursos locales que premian la variedad en su elaboración. Se supone que el término *mona* tiene su origen en la palabra andalusí *munna*, interpretada por el filólogo Joan Corominas como el hecho de entregar en distintas formas de donaciones a sultanes o de los moriscos a sus señores y que la tradición en Valencia ha conservado con el regalo que se hacía a los niños, en especial por sus padrinos, todo ello bajo el reclamo festivo de «Ir de *mona*» o «Anar de mona». En las tierras valencianas, estas meriendas y fiestas campestres tenían un fuerte arraigo en un pueblo que no perdía ocasión de divertirse. Su celebración al estilo de antaño ha menguado, pero no se ha extinguido, y han cambiado las formas de festejarlo a los nuevos hábitos sociales.

Los buñuelos / *els bunyols*. El buñuelo es básicamente una masa elaborada con harina y agua y frita a continuación. Puede tener otros componentes (huevo, leche...), diversas formas y también relleno. La fórmula más elemental, sin más ingredientes que la masa de agua y sal y espolvoreada después de frita con azúcar, está por completo asociada a la ciudad de Valencia, especialmente a las Fallas, como bocado al que nadie renuncia, muy apropiado para el desayuno que, si es con chocolate, tanto mejor. Al caliente y penetrante aroma de los humeantes puestos en la calle donde se elaboran y venden se une el olor excitante de la pólvora quemada en las tracas y petardos, a la vez que, cercano o lejano, un fondo musical casi permanente de las incansables bandas se añade a la percepción de los sentidos en una imagen inscrita en el subconsciente de los valencianos, como si de ADN se tratara, recibida en nuestra niñez y unida a días de bullicio y de vigorosa expansión festiva de la semana fallera.

El tránsito de una sociedad tradicional a la nuestra posindustrial deja inevitablemente en el camino sencillos refinamientos gastronómicos que no siempre es posible sostener, aunque muchos se pierden por intereses lucrativos o por la colonización de culturas exóticas que invaden —enriquecen también— nuestro ámbito culinario. Bueno es recordar un pasado de la cocina como núcleo familiar y social, y cuánto de su historia nos revela conmovedoras secuencias de nuestro milenario deambular en busca de alimentos por la madre tierra.

La cocina de los cereales

Arrancan a la tierra su oro vivo
Y, cual dulces abejas del sol, liban
El rayo abrasador con que se visten
Para formar el alma de la harina.
Espigas, Federico García Lorca

La harina. Si bien el pan queda como referente cultural y fundamental alimento desde la Antigüedad, es la harina la base y punto de partida de una original y variada gama de productos básicos en la alimentación de todos los tiempos, culturas y clases sociales. El trigo se impuso desde antiguo sobre otras variedades de cereales por su mayor facilidad a la hora de separar el grano de la espiga y sus mejores condiciones y sabores para convertirlo en pan. Por esta razón este cereal es el de mayor cultivo en el mundo por su prioritario destino de consumo.

La imprescindible harina no podía faltar en la despensa familiar, de ahí la sentencia popular «Donde no hay harina, todo es mohína». Sémolas, *farinades, farinetes,* gachas… eran el resultado de una harina de granos gruesos de una molienda que podía ser casera, de trigo o de otros cereales con agua y sal, a la cual se le podía añadir algún ingrediente, como carne, legumbres o verduras, según el nivel adquisitivo, a fin de darle sabor y hacer más apetecible y nutritivo el yantar.

El mundo romano clásico era un gran consumidor de esta forma de cocinar la harina, *pulmentum,* el *puls/pulmentum,* sopas o gachas, de donde se derivan los vocablos *puchero* y *polenta,* preparados de la culinaria romana y alimento habitual de los legionarios que recibían una ración diaria de harina a compartir por un grupo: antecedente de las *farinetes* valencianas, una comida habitual de pastores, en general de gentes en marcha, representativa de la dieta más pobre si no se le añade nada. Las extremas carestías de la Guerra Civil española y de la larga y penosa posguerra recuperaron de forma transitoria tan parcos alimentos con harinas de diversa procedencia, de bajo poder nutritivo y de pobre sabor, sin posibles mejoras gustativas ante la ausencia de ingredientes más atractivos o porque a su elevado precio no podían acceder las familias humildes. Conforme mejoraba el poder adquisitivo, se iban rechazando en la cocina familiar estos pobres guisos hasta su práctica desaparición.

La pasta. Es un conjunto de alimentos de formas muy variadas preparados básicamente con una masa cuyos componentes son la harina, el agua, la sal y otros ingredientes añadidos de manera opcional, y generalmente cocidos en agua hirviendo: fideos, tallarines, macarrones, canelones, raviolis... Tan importante como el pan en la dieta española es la pasta para los italianos, grandes consumidores de esta especialidad y su múltiple oferta, origen de una rica y original cocina. La pasta es también común en Oriente, de donde se supone que es oriunda, ya que no se sabe con certeza qué cultura fue la creadora. Son muchos los países que la consumen, pero es Italia el que la ha elevado en Occidente a una relevante categoría culinaria, presente en la cocina básica del día a día y de todos los niveles económicos, sociales y gastronómicos, donde brilla con la originalidad e improvisación de un sinfín de variedades, formas y maneras de condimentarla. Paloma Sánchez Borrero, autora de *El libro de la pasta*, recopila nada menos que 102 platos de pasta y 50 formas de preparar la pizza.

La embajada italiana de la pasta en la restauración está presente en las ciudades más importantes del mundo, llevada por la fuerte emigración de este país hermano. Hablar de pasta es hacerlo de Italia, que, al decir de algunos, la recibió gracias a Marco Polo en el siglo XIII, entre otros productos que aportó tras su legendario viaje, pero esto no es una afirmación y, según autores y registros históricos, hay antecedentes de su consumo en la Roma imperial y en el periodo de dominio islámico de Sicilia, en los siglos X-XI.

Ante las buenas relaciones comerciales del Reino de Valencia con los territorios italianos y el hecho de que muchos oriundos de la Península itálica fijaran su residencia en nuestra ciudad, algunos autores dan por supuesto que con ellos nos llegó la pasta. No obstante, es cierto que la expansión islámica y el legado de su variado y rico aporte culinario en su larga permanencia peninsular, en el que se encuentran los fideos, de consumo habitual en Al-Ándalus, hacen que se admita su etimología del mozárabe o del habla andalusí *fidáws*. En cualquier caso, nada resta mérito y liderazgo a Italia en el mundo de la pasta, además de la pizza.

Cuscús. En este apartado no podemos dejar de citar este plato que en 2020 fue declarado por la Unesco, a petición conjunta de Marruecos, Argelia, Túnez y Mauritania, Patrimonio Inmaterial de la Humanidad. Es sémola de trigo de pequeños granos que, acompañada de verduras, legumbres, carne o pescado, conforma un suculento y nutritivo plato tradicional árabe-bereber. Ya formaba parte de la cocina hispanomusulmana de Al-Ándalus y también entre la población morisca tras la conquista cristiana: se cita en el *Tirant lo Blanc* de Joanot Martorell (1464).

En algunas poblaciones de la Marina (Alicante), el cuscús era habitual en la comida de muchas familias, descendientes de aquellos que emigraron a Argelia, cuando el desplome del comercio de la pasa a principios del siglo XX sumió a las comarcas meridionales en el desempleo y la pobreza. Francia, colonizadora del país norteafricano, ofreció tierras de cultivo y favorables condiciones de trabajo en los campos, a los que acudieron muchos campesinos alicantinos que habían quedado en la indigencia. La guerra de independencia argelina (1954-62) fue la causa del éxodo en los años 60 del siglo XX de los *pieds-noirs*, nombre popular asignado a los europeos residentes en Argel, y del retorno a sus lugares de origen de muchos alicantinos, varios miles, portadores de la adopción culinaria del cuscús como un vínculo con el pasado argelino. La especialidad está incorporada en la oferta de algunos restaurantes, al tiempo que la industria alimentaria lo oferta preparado para su directa y fácil condimentación, prueba de que se mantiene vivo el consumo de tan colorista y suculento aporte culinario.

Al hablar de cocina basada en los cereales no se puede considerar solo la harina: el grano, simplemente cocido, ha sido la forma primitiva de consumirlo. Queda en la gastronomía valenciana un testimonio de herencia andalusí sobre la forma de condimentar el trigo, la reliquia del *blat picat* (*olla o ulleta de blat*), llamado así porque el grano se había de picar previamente, no para desmenuzarlo ni triturarlo, sino para descascarillarlo. Una vez *picat*, se cocía con sal y agua y se añadía lo que había en casa y que decidía el plato en su riqueza de sabores y valor alimenticio: carne, verduras, legumbres... hasta convertirlo en un sabroso y robusto guiso.

Sigue siendo un plato popular, sobre todo en las comarcas interiores, pero su consumo, que siempre tuvo como competidor al arroz y su tradicional protagonismo en la culinaria valenciana, ha retrocedido casi hasta su desaparición; no obstante, una minoritaria restauración en varias comarcas de tierra adentro lo mantiene y ha distinguido en su escogida oferta gastronómica tradicional con su presencia en la carta, evitando su pérdida y dando la oportunidad de poder degustar un plato que, al igual que el cuscús, tanto nos dice de nuestro pasado musulmán.

La comida familiar

Las comidas en familia han variado en gran manera en sus formas y componentes, modificadas por la sujeción a los horarios laborales que obligan a un elevado número de trabajadores a comer fuera de casa y por la generalizada integración de la mujer en el mundo laboral, que antaño asumía en su totalidad las tareas del mantenimiento del hogar y el cuidado de la familia. La escolaridad y educación de los hijos se suma a la diversidad de horarios de los miembros de la familia, condicionantes que han alterado la reunión hogareña en la mesa hasta el extremo de que, en muchas familias, las comidas del día pueden llegar a ser a horas distintas para cada uno de sus miembros. Son exigencias de una sociedad fuertemente estructurada en sus roles que ha modificado costumbres y ha hecho retroceder la vieja cocina popular del día a día, el buen yantar casero desplazado tantas veces por preparados industriales de consumo inmediato o precocinados que cubren las urgencias con su rápida puesta a punto.

La mayor aportación alóctona de productos, que llegan mediante la eficacia y rapidez de los transportes y la creciente globalización, ha contribuido a modificar o eliminar viejos hábitos alimenticios y generado otros. La mejora económica de la sociedad ha permitido el acceso a muchos alimentos desconocidos antaño, escasos o que solo estaban al alcance de muy pocos por su elevado costo, enriqueciendo y equilibrando la dietética por su variedad y desplazando muchos platos que han desaparecido rechazados por su simpleza o por su pobre sabor. No hay más que ir a un supermercado para conocer *in situ* la disponibilidad de una variada oferta de alimentos de toda índole, con productos frescos de campo durante todo el año, antaño de temporada, y de cómo la cocina puede ser más diversa y exquisita según el gusto o poder adquisitivo del comprador. Con estos cambios asistimos a la paradoja de que algunos guisos en otros tiempos de pobres hoy son platos elevados de precio y apreciados por sus esencias y sabores por la restauración (*arròs a banda*, sepia, calamares, pescado de playa...).

En las sociedades tradicionales, la gente comía básicamente lo que producía su entorno más cercano, proveniente de la agricultura, la ganadería o la pesca, dependencia que limitaba su dieta a los productos del momento y de temporada, que además de su mejor calidad, eran más baratos por su abundancia y no podían ser almacenados ante la carencia de medios de conservación. Esta es la razón, entre otras, de la saludable y variada «dieta mediterránea», declarada por la Unesco Patrimonio Cultural e Inmaterial de la Humanidad en 2013, que está dotada en cualquier época del año de comida vegetal fresca, gracias a la agricultura de regadío, la frecuencia de frutos y vegetales huertanos que evitaba la monotonía repetitiva propia de la alimentación en las comarcas frías y de secano. La Huerta de Valencia es histórica en la valoración de esta dieta ejemplar, fecundo jardín de todos los frutos mediterráneos que ha hecho posible a lo largo de su dilatada presencia, con su generosidad productiva, que las gentes más humildes y desfavorecidas acogidas a su espacio nunca pasaran hambre.

Esta subordinación de las sociedades preindustriales en su alimentación de autoconsumo prioritario local de sus productos es el principal componente creativo de la gastronomía asociada a las características de un territorio y a la cultura y tradiciones de sus gentes, distintivo de originalidad y calidad de ciertos platos como un significativo rasgo de la identidad de los pueblos.

El horno y el hornero

El horno es el último intermediario en la confección de alimentos provenientes de la harina y, al igual que el molino, también fue monopolio señorial junto a otros privilegios nobiliarios, como la fragua, la carnicería y la taberna. Tenía relevancia económica y poder, por lo cual adquirió una destacada personalidad jurídica y fiscal en la Valencia feudal como factor de importancia impositiva, sujeto a concesiones reales, autorizaciones de su construcción, arriendos y ganancias de la corona.

Los horneados. En los hogares se amasaba el pan y gran número de derivados de la harina y se llevaban al horno para su cocción, además de ciertos guisos para su final al fuego, los asados de carnes, verduras, de calabazas, boniatos, patatas… y los arroces —una gran especialidad valenciana es el *arròs al forn*—. Los preparados eran introducidos en el interior del horno con largas palas y depositados en su interior con un rápido y certero movimiento, actos profesionales de un viejo oficio que exigían destreza y atención para dejar cada producto a su adecuado nivel de acabado.

La diversidad de alimentos cuyo componente básico es la harina, preparados para una cocción final al horno, complementaban con holgura la cocina casera: las tortas, en sustitución del pan o con algún ingrediente como carne, embutido o verduras, eran bocado de almuerzo o comida, abiertas o cerradas (empanadas); bollería, bizcochos, pasteles; también empanadillas que solían utilizar como relleno los sobrantes de algunas comidas (carnes, embutidos, pescado, verduras…), una estrategia económica de sociedades atenazadas por la precariedad que aprovechaban todos los restos y que dio lugar a la inteligente y deliciosa «gastronomía de las sobras» o «ropa vieja».

Horno medieval. Aras de los Olmos. Valencia

Horno mudéjar. Higueras. Castellón

El pan y los molinos harineros de agua en las tierras valencianas

Para el desayuno se elaboraban bollos, bizcochos, ensaimadas, cruasanes, tortas, magdalenas, *panquemaos*, galletas y rosquilletas; estas últimas, humildes y sencillas, una especialidad valenciana unida todavía hoy al tentempié, aperitivo o merienda. Cada una de las celebraciones del calendario festivo-religioso popular contaba con determinadas pastas y dulces, una variada y deliciosa repostería relacionada con productos de temporada del campo, heredera en muchas de sus creaciones de la maestría culinaria hispanomusulmana o judía. La tradición mantiene algunas de estas especialidades, olvidado su origen tantas veces asociado a una celebración religiosa, pero apreciado como regalo festivo del paladar, como el turrón, el arnadí, «los huesos de santo» de Todos los Santos, *les almoixàvenes*... Sant Dionís, el Día de la Comunidad Valenciana (9 de octubre), patrón de los enamorados, se celebra con la *mocadorà*, el regalo a la amada del pañuelo acompañado de las figuras de mazapán que reproducen con formas y colores frutas y hortalizas. No termina aquí el largo repertorio de pastas y dulces, pues somos un pueblo goloso, posible herencia de los musulmanes valencianos y su inclinación gustativa por los dulces.

El horno tradicional, un pasado no muy lejano. Con la variopinta diversidad de la sabrosa culinaria hecha a fuego de leña, los hornos despedían desde temprana mañana la fragancia del pan recién horneado, seguido por el aroma de los preparados para la comida de mediodía y noche, toda una promesa de suculentas viandas, regalo de los sentidos en la gama de formas, colores, sabores y texturas de la antañona y suculenta culinaria popular confiada a las virtudes del horno y el buen hacer del hornero. Los hornos se repartían por toda la ciudad, formando parte indisociable de la vida en los barrios, al que recurrían en mayor o menor grado todos los hogares, pero con un paso ineludible, el pan, para cocerlo o comprarlo. Queda en mi memoria de infancia y juventud este escenario popular, un emotivo y colorista cuadro lleno de vida de un espacio humanizado de encuentros sociales, como el molino, la fuente..., el hornero trabajando a la vista de los que llevaban sus viandas para la cocción y que hasta mediados del siglo pasado mantuvo su protagonismo en el histórico y largo proceso de siglos del horno público. Los electrodomésticos y su amplia incorporación en los hogares han introducido de forma generalizada las cocinas con horno —antaño escasas por su elevado precio—, lo cual ha permitido recuperar especialidades gastronómicas que tiempo atrás obligadamente habían de recurrir al horno tradicional. Igualmente, el horno de cúpula moruno y alimentado a leña no ha desaparecido y sigue siendo un elemento potenciador de sabores; eso sí, de tamaño reducido y atendiendo a un ámbito muy restringido de restauración, de escogida gastronomía, especialmente de los asados de carne.

De aquel universo esforzado y del significado del horno como ejemplo de su disponibilidad y función nos llega en el habla coloquial «No está el horno para bollos», la metáfora que tantas veces utilizamos en momentos complicados, faltos de seguridad o ante una tensión personal o ajena que aconseja no seguir en lo que se está realizando, no abordar un tema y esperar mejor oportunidad. Todo viene de la obligada necesidad de mantener el horno en las debidas condiciones de temperatura: si era muy elevada, los bollos se podían quemar, esto es, los panecillos dulces, tiernos y delicados que podían tener algún relleno, especial para desayunos y meriendas, necesitados de una temperatura determinada.

El fin del horno tradicional. Las innovaciones mecánicas —las fuentes de calor generadas por electricidad, gas industrial o gasoil— han eliminado el tradicional horno moruno de cúpula alimentado con leña; cambios y adaptación a nuevas exigencias ambientales han modificado radicalmente las estructuras y espacios de cocción y simplificado los controles de funcionamiento programado y temperatura.

Estos cambios han descargado en parte de la fatiga, incomodidad y dureza del trabajo en los hornos tradicionales, de las tareas en gran manera realizadas durante la noche, en un ambiente cargado y altas temperaturas («Invierno, buen tiempo para el hornero y el herrero»), eliminando el amasado a mano, ahora mecanizado: «Se amasaba por la noche, se cocía el pan antes del amanecer y se empezaba a vender a las seis de la mañana» (Xavier Barriga). Un nuevo modelo que, unido a normativas más restrictivas de atención ciudadana, cambios sociales y laborales, han terminado con tan peculiar y pintoresca relación culinaria doméstica con el horno tradicional, que modernizado asume desde hace varias décadas solo la confección y venta de sus productos, entre ellos el pan, la panadería, a la cual acude el ciudadano para su diaria provisión de pan que ya no depende del amasado en el hogar.

En las comarcas de las tierras valencianas y en la ciudad de Valencia siempre ha habido muchos hornos tradicionales, alimentados con leña y preparados para acoger la extensa gama de horneados que hemos citado. En el medio rural es donde más han resistido los hornos al viejo estilo, algunos de ellos auténticos santuarios de las artes de la panadería, de la repostería y del horneado en general, varios de ganado prestigio a los que acudían personas de fuera a comprar pan u otros productos. Al mismo tiempo, el despoblamiento de las comarcas interiores ha terminado con muchos de estos obradores, que ya no se pueden sostener ante la reducida demanda de los escasos habitantes que todavía se resisten a abandonar su terruño.

El horno en la actualidad. Desde hace ya varias décadas, los hornos de nueva planta o los antiguos adaptados a las condiciones y exigencias modernas mantienen la tradición y el oficio artesanal en la oferta de pan, más un largo listado de productos de su propia elaboración, identificados con la cultura mediterránea, a cargo de la profesionalidad del hornero, con hornos-panadería comerciales convertidos en dignos referentes de la ancestral profesión. Los cambios sucedidos han dejado al hornero la iniciativa de muchos productos antaño de elaboración doméstica, cambio en su cometido que le concede un horizonte de creatividad y esmero artesano que distingue y prestigia a muchos hornos: «El panadero prepara el alimento con sus propias manos, dándole forma como un alfarero» (Ibán Yarza, *Pan de pueblo*), la esencia de un trabajo bien hecho. Es el obrador tradicional artesanal, heredero de la antigua distinción gremial del *mestre forner*, máxima categoría en la jerarquía de tres órdenes, maestro, oficial y aprendiz, del Gremi de Forners, nacido en el siglo XV en Valencia y que amparaba y reglamentaba el oficio e impartía disposiciones y control de calidad.

La atractiva oferta de las pastas, dulces, bollería, repostería… se pone de relieve en los hornos valencianos, muchos de ellos titulados con orgullo *forn i pastisseria*, creadores y mantenedores de una tentadora tradición gastronómica muy valenciana, de un pueblo amante de las golosinas, con varias especialidades de herencia andalusí. Un encomiable distintivo de nuestra tierra asumido en la actualidad por el Gremi de Panaders i Pastissers de València, uno de los pocos gremios que ha sobrevivido a la extinción de esta corporación de origen medieval, en el tránsito a una relación de base laboral capitalista de libre contrato individual del trabajador con el empresario o el patrono. Este pasado gremial y la distinción que concedía a determinados oficios nos ha dejado el apellido Forner, al parecer una costumbre medieval de añadir al nombre de las personas el de su trabajo si este era importante, y que terminaba por acreditarse y transmitirse por herencia como apellido.

El suministro en la actualidad a determinados establecimientos de masa precocida y congelada para su conservación a supermercados, empresas de *catering*, bares y restaurantes permite su utilización a conveniencia con un rápido horneado *in situ* de acabado final para su venta, solucionado con dispositivos para esta función instalados en el mismo local. Es un procedimiento que, por fortuna, no ha sido capaz de sustituir el pan artesanal, de superior calidad, sabor y más saludable, ni desplazar al *forner* de siempre, vocacional, y en muchos casos heredero del arte en al ámbito familiar. No hay que olvidar que el toque final de los horneados, cuando pasan a ser un deleite del paladar, debe mucho a su elaboración y tueste, de la mano y cuidado en su cometido del *forner*, a su buen hacer profesional, esmero y arte.

Llegados a este punto y como preámbulo al siguiente epígrafe de homenaje al pan, es obligatorio citar el libro de Ibán Yarza, *Pan de pueblo*, con el que es posible seguir la geografía del pan por España, de comunidad a comunidad, que su autor ha recorrido estudiando y registrando todas sus variedades. Un viaje en el que ha visitado hornos y entrevistado a los horneros, una peregrinación que Ibán nos trasmite de una forma amena y sentida, con más de mil fotografías. Es un magnífico documento registro de un viejo oficio y la originalidad y extensión de su ancestral oferta mantenida con la mecanización de procesos y la estandarización de sus productos. Un valioso libro de estima y homenaje del humilde pan y su rica presencia en España.

Homenaje al pan

> Oro más lindo que oro del pan
> no está ni en fruta ni en retama,
> y da su color de espiga y horno
> una dicha que nunca sacia.
> *La casa*, Gabriela Mistral

El 16 de octubre, Día Mundial de la Alimentación de la Organización de las Naciones Unidas para la Agricultura y la Alimentación (FAO), se celebra el Día Mundial del Pan, promovido por la Federación Internacional de Panaderos, reconocimiento a su trabajo en la elaboración de un alimento históricamente primordial en una extensa geografía humana, vigente en las tradiciones culinarias y en los nuevos hábitos alimenticios y nutricionales, conservando inalterable su capacidad simbólica en nuestros días. Un merecido homenaje a un producto que, en su exquisita sencillez, ha alcanzado consideración universal y un lugar en la historia de la humanidad. Al margen de esta celebración, otros concursos en las ciudades españolas premian el pan logrado por la calidad de su sabor, textura, forma y color, valorando de esta manera a profesionales competentes y vocacionales en el ejercicio artesanal de un viejo y digno oficio.

La baguette, «pan largo» o «pan francés», por excelencia el representativo del país vecino, en noviembre del 2022 fue declarado Patrimonio Inmaterial de la Humanidad. Es uno de los emblemas de la cocina francesa, inscrito en sus tradiciones culinarias, aunque es ya de dominio universal, presumiblemente con mayor presencia después de la denominación recibida; un pan estrecho y largo, de corteza crujiente y miga tierna y esponjosa, que se identifica por su forma y cuyos ingredientes representan la composición básica elemental del pan: harina de trigo, agua, sal y levadura. Un homenaje en esta distinción a los panaderos y su universal cultura artesanal. El Gremio de Panaderos y Pasteleros de Valencia propuso en 2022 que la *pataqueta*, nuestro pan por excelencia, en forma y calidad el más indicado para el tradicional *esmorzaret*, obtuviera la denominación de origen. Esta propuesta podría salvar esta reliquia de nuestra panadería, en estos momentos en acusado retroceso.

El pan en las tierras valencianas

Los valencianos hemos sido (y somos) grandes consumidores de pan. Hablar de alimentación y de gastronomía en nuestra tierra es empezar por el pan: el almuerzo / *l'esmorzar*, denominación valenciana de una comida matinal que para el resto de España es «la comida de mediodía o primeras horas de la tarde», tal como la define la RAE. Esta costumbre valenciana viene acompañada del término propio descriptivo de *l'entrepà*, el «bocadillo» en castellano y, de más reciente incorporación al diccionario, la forma coloquial de «bocata»; también *sandwich*, término inglés inscrito en el diccionario de María Moliner como «sándwich», popularizado como «sangüich», dos rebanadas de pan de molde con alguna mezcla.

Se puede asegurar que el pan, por sí mismo y con el relleno incorporado, alcanza relevancia culinaria prescindiendo de cubierto y del plato como base, donde la imaginación y la creatividad no tienen límites en lo que es capaz de ofrecer en la diversidad de mezclas, sabores y calidades, tanto en el ámbito familiar como en la restauración, elevando su humilde origen campesino y obrero a niveles de deleite gastronómico. *L'entrepà* empieza por ser una forma de llevar la comida al trabajo o a los centros educativos cuando estos quedan lejos del hogar, con alimentos frescos, cocinados o con embutidos. Igualmente acompañará en el equipo de viaje o excursión, a la merienda o a la cena de *sobaquillo* —gráfica expresión que todos conocemos bien y que no sabemos a quién se le ocurrió—, momentos en los que puede ser oportuno o irremplazable.

El arraigo de *l'esmorzar,* también *l'esmorzaret* —por la tendencia al diminutivo en la lengua autóctona valenciana—, en los hábitos alimenticios valencianos es tan fuerte que ha sido capaz de imponerse como norma a respetar en el mundo laboral moderno, que permite paralizar un tiempo la actividad por la mañana, alrededor de las diez, en un verdadero festival al que nadie renuncia. Esta saludable y satisfactoria costumbre, tan oportuna y reparadora para el que ha madrugado para incorporarse a su trabajo, está bien respaldada por los bares, que se esmeran y responden a la numerosa demanda con su variada oferta y que, en el horario citado, rebosan actividad atendiendo la animada asistencia del mundo trabajador. Además de alimentar, proporciona un encuentro social, afectivo y distendido que ayuda a llevar con el ánimo reconfortado —al que contribuyen el vino, cerveza, café, carajillo…— las muchas horas de trabajo por delante. El almuerzo / *l'esmorzar* no queda solo como una comida mañanera para tomar fuerza en el trabajo, sino que tiene poder y rango de convocatoria para grupos o amigos que se han citado por algún motivo, por celebraciones o estar juntos: cualquier excusa es buena para hacer honor a tan arraigada, apreciada y feliz tradición valenciana.

El típico almuerzo campesino contaba generalmente con una variedad de pan muy apropiada para tal menester, la *pataqueta,* especialidad valenciana en forma de media luna que facilitaba *l'entrepà* y que todavía sobrevive en algún horno-panadería artesanal, aunque su escaso consumo la lleva a su desaparición. La *pataqueta* —según se dice, hija de un pan mayor, la *pataca*— tenía en el habla coloquial de la clase trabajadora la expresión alegórica de ganarse el sustento propio y el de la familia: «Guanyar-se la pataqueta»; contando también con su versión de pesadumbre al quedarse sin trabajo, «Perdre la pataqueta», y la más penosa de «Ni casa ni pataqueta». El pan, en las acusadas carestías, tantas veces repetidas a lo largo de la historia de los pueblos, podía ser el único alimento de las clases menesterosas, sobre las que siempre caen las desdichas y las extremas hambrunas. Al margen de esta necesaria consideración social, el pan, tierno y perfumado, dorado, crujiente y recién hecho, tiene sin más y por sí mismo atractivo como comida, apetece morderlo o arrancar un trozo con un pellizco, aunque nos venga a la mente el poco amable aforismo de «Pan con pan, comida de tontos», cuyo sentido figurado creo que debemos aplicar solo a comportamientos repetitivos y poco originales.

Las tierras de pan, la agricultura de la necesidad. Grandes extensiones de labrantíos se destinaban a los cereales en las sociedades preindustriales, principal cultivo por delante de otros en los secanos, campos denominados popularmente *tierras de pan* y, de producción más limitada, también en los regadíos y su producción de *trigo de huerta*. En la época andalusí en Valencia ciudad y su entorno huertano la cosecha de los cereales estaba asegurada por el riego. En tiempo de sequía y cuando el agua disponible no podía llegar a todos los campos, se priorizaba su destino al riego de los cereales y las hortalizas, norma continuada en la Valencia feudal. Según el prestigioso investigador Josep Antoni Furió, catedrático de Historia Medieval de la Universidad de Valencia: «La huerta, granero de la ciudad: del campo que la rodeaba, Valencia esperaba, al menos en la Edad Media, sobre todo trigo, mucho trigo...». Cuando la producción local de trigo en la huerta y en los secanos interiores resultaba insuficiente en un territorio no cerealista, el Antiguo Reino de Valencia importaba trigo de otras regiones españolas, de la Corona de Aragón y de Castilla, de la Provenza, del norte de África y, sobre todo, de Cerdeña y Sicilia.

En cualquier caso, los agricultores en la huerta buscaban cultivos de mayor rentabilidad que el trigo (hortalizas, lino, cáñamo...), mientras que los cereales quedaban para los campos del interior, dominio del secano. Tras la temprana introducción del arroz por los musulmanes, aprovechando las óptimas condiciones naturales propias para su desarrollo de los humedales, este pasa a ser un cultivo determinante en la agricultura y la alimentación valencianas, desplazando por su importancia, elevada producción y extraordinaria rentabilidad al trigo irrigado en la huerta. Más tarde, el maíz (*dacsa*), llegado de América en el siglo XVII, será otra de las labores bien adaptadas a las redes de regadío de nuestras fértiles vegas.

El aprovisionamiento de trigo en la Valencia medieval y con posterioridad tuvo repetidas dificultades en épocas de escasez y penuria, una constante preocupación de los gobernantes ante la reducida producción local, mermada en muchas ocasiones por las reiteradas y prolongadas sequías, carestías en las que había que recurrir a la importación. A principio del siglo XV se construyó en Valencia el Almudín / l'Almodí (de la voz árabe *almud*, unidad de medida de granos), donde se almacenaba el trigo de abastecimiento a la ciudad para su regulación y control de precios de venta, con plantilla y oficiales, el *ordenament* que garantizaba el suministro, para tratar de evitar la especulación y el incremento de precios que siempre acompaña a la carestía de un producto y las graves consecuencias que comporta para los más desfavorecidos. El histórico edificio del gótico valenciano, perdida su función institucional reguladora administrativa, fue sede del Museo Paleontológico y, en 1969, declarado Monumento Nacional y destinado a sala de exposiciones. En su interior se conservan pinturas murales relacionadas con el trigo y representaciones de los santos patrones de los gremios correspondientes de este sector.

Las autoridades evitaban a toda costa que la falta de harina, de pan, fuera el detonante de motines y altercados de impredecibles consecuencias: la mayoría de las históricas revueltas sociales que han conmovido la vida de los pueblos han venido precedidas de las carencias alimenticias, de la desesperación del hambre, de los «días sin pan». Las crisis en nuestro territorio han sido continuadas, provocadas por las guerras, conflictos sociales, incursiones de la piratería norteafricana, motines en la ciudad, la Revuelta de las Germanías, levantamientos moriscos y su expulsión..., enfrentamientos que se suceden hasta la Guerra Civil (1936-39).

En el siglo XVIII se duplica la población en el Antiguo Reino de Valencia. Cavanilles da cuenta en sus *Observaciones* de este crecimiento demográfico, al que acompaña la dramática carestía de alimentos provocada por una producción agrícola insuficiente para dar respuesta a la desbordada demanda. El aumento de los precios es la inmediata consecuencia de la escasez que, como siempre ocurre en toda crisis, se abate sobre la población con menos recursos. La falta de tierras potencialmente agrícolas en los valles fluviales, vegas, riberas y llanos aluviales, ocupadas desde siglos atrás, obligó como solución a colonizar suelos menos feraces en las laderas de las montañas, construyendo terrazas en graderío a cargo de humildes campesinos sin tierra, en un titánico y desproporcionado trabajo solo justificado por las penurias y carencias del momento. Fueron suelos destinados en todo lo posible al cultivo de cereales, las llamadas *tierras de pan*, yermos paisajes en nuestras comarcas montañosas, memoria de uno de los capítulos más penosos de la historia de la agricultura valenciana.

Festividades y religiosidad en la agricultura

Los ciclos en la agricultura cerealista, siembra, recolección y trilla, sujetos a los cambios estacionales y a la incertidumbre meteorológica determinante del buen fin de las cosechas, sellan el calendario laboral y festivo de las comunidades de campesinos, conforman y dan contenido social a su forma de vida y economía. La religión acude a estos vitales y reiterados episodios de los que depende la estabilidad y supervivencia del colectivo campesino, para adueñarse del inescrutable azar y atribuir sus veleidades a la voluntad divina, arrogándose la mediación en la súplica para solicitar su benevolencia, mediante la farsa del rito y la ceremonia. En las sociedades agrícolas, fiestas, celebraciones sociales, ferias, procesiones, romerías... invariablemente conllevan el componente religioso pidiendo la intercesión del santo o de la virgen de la devoción local para la protección de las personas, animales y cosechas; amparo ante las tormentas, el pedrisco, la sequía, la helada tardía, y rogando, en suma, la bendición de todo lo que básicamente sustenta la vida de los agricultores, familiar y colectiva.

Se puede aceptar que los repetidos periodos que marcan el cultivo cerealista desde el nacimiento de la agricultura en el Neolítico se han significado por un ceremonial místico-religioso con arreglo a las creencias de las culturas que en su desarrollo se han sucedido durante siglos sobre la misma base económica: no cabe pensar que, en alguna etapa, procesos de tal trascendencia quedaran huérfanos de la interesada intervención religiosa. Esta ininterrumpida mediación hace suponer que plegarias, ceremoniales y rituales de invocación hayan subsistido conservados por la tradición con cierta fidelidad a sus orígenes, trasmitidos como legado por las sociedades campesinas, más receptivas y predispuestas a creer que las divinidades deciden su bienestar, y a las que es necesario elevar sus plegarias para la conjura de las desgracias, agradecer sus dádivas o aplacar su ira.

El prolijo compendio de celebraciones festivo-religiosas en las tierras valencianas, país de tradición agrícola, entra de lleno en este oscuro e hipotético espacio. Muchas de las prácticas y creencias paganas de la religiosidad popular, arraigadas en el imaginario colectivo, fueron reprimidas por la Iglesia, y que permitió otras que, convenientemente adaptadas, se consagran al paso del tiempo y son bendecidas como propias del cristianismo.

Los Saturnales. Importantes fiestas del Imperio romano, celebradas en honor a Saturno, dios de la agricultura y protector de las cosechas, festejaban la luz, el «Sol Invencible» que daba fin a los meses más oscuros del año con el solsticio de invierno. El papa Liberio, durante su pontificado (352-366), asignó a la noche del 24 de diciembre el nacimiento de Jesús —no existe una datación precisa sobre cuándo nació—, trasunto de la celebración pagana de los Saturnales, del solsticio de invierno, cambio estacional de gran poder emblemático, igualmente significado por la práctica totalidad de las culturas y religiones superiores. La vitalidad romana, y su gusto por la parafernalia, festejaba durante siete días este evento renovador con derroche de luz en las calles y edificios, alegría y bullicio, banquetes e intercambio de regalos... Nació la Navidad para la Iglesia cristiana, festividad religiosa relacionada por proximidad con el solsticio y ritualizada con las oportunas diferencias, no muchas, sobre los Saturnales, pero sin abandonar su contenido conceptual y lúdico, y sin renunciar a la fiesta, sea con carácter sagrado o profano. El Imperio romano, una sociedad agrícola, nos ha legado un relevante pasado de festividades, asumidas por el cristianismo cuando pasó a ser religión de Estado.

El Carnaval. Fiesta variable, entre febrero y marzo según el año, perteneciente al calendario lunar, que celebra la transición del invierno a la primavera, y que anunciaba el fin del letargo invernal y daba paso al renacer de la fecundidad de la naturaleza, la promesa de las cosechas de verano. Es un acontecimiento que se festeja con alegría y sin medida ni limitaciones, permisivo durante unos días con las debilidades humanas desbocadas y que el disfraz que acompaña a la fiesta, oculta y preserva en el anonimato a sus practicantes. Celebración pagana herencia del mundo clásico grecorromano que el catolicismo medieval, aunque no la aceptó como acto religioso, la asoció a la Cuaresma, como días que antecedían a un largo periodo de abstinencia, ayuno y místico recogimiento. El Carnaval, las Carnestolendas, Carnestoltes en los territorios de habla catalana, tiene un profundo arraigo hispano como fiesta grande en muchos lugares y de ganado prestigio internacional en muchas ciudades del mundo de tradición católica, aunque haya sido denostado por la Iglesia.

Las Fallas de Valencia es la continuidad festiva de las celebraciones que acompañan al cambio estacional y que arrancan de la costumbre del Gremio de Carpinteros de quemar en la víspera del día de su patrón, san José, restos y residuos del trabajo en los talleres de carpintería. La evolución de esta acción de limpieza ha evolucionado desde tan humilde inicio hasta la monumentalidad, alarde imaginativo y desbordante diversión que la caracteriza y que le ha valido la consideración por la Unesco de Patrimonio Cultural Inmaterial de la Humanidad. Otra interpretación de los orígenes de las Fallas le atribuye más antigüedad y de mística exaltación pagana al recibir la primavera con el ritual del fuego. No hay confirmación histórica de esta teoría, pero la hipótesis es tentadora viendo la tradición del fuego purificador de las hogueras tan extendida en nuestras tierras y común a muchas culturas.

Las celebraciones del solsticio de verano entran de lleno en este espacio de la religiosidad primitiva que pasaron enmascaradas por el cristianismo a San Juan, el 24 de junio, que celebran en la actualidad nuestros pueblos y ciudades de forma festiva, totalmente desprovistas de sentido místico, pero conservando la huella pagana ante el cautivador resplandor de las hogueras, el culto al fuego, los encantos y sortilegios de la noche más corta del año que abre con el inicio del estío la promesa de las anheladas cosechas. Alicante representa en estas expresiones populares un significativo protagonismo con les Fogueres de Sant Joan, la gran fiesta oficial de la ciudad, declarada de Interés Turístico y que ha evolucionado desde las hogueras campesinas por la noche más corta a la monumentalidad de un conjunto de figuras siguiendo los pasos de las Fallas de Valencia. No obstante, ha conservado su remota denominación inicial, hoguera/*foguera*, que la une a su pasado evocador de la magia del solsticio de verano.

Las peregrinaciones y rogativas a santuarios y ermitas, centros donde converge la religiosidad popular, complementan el calendario festivo del mundo rural vinculado a la agricultura y la ganadería en su economía y forma de vida. Algunas de estas manifestaciones se mantienen sin alteraciones de sus orígenes medievales, en su desarrollo y ritual, recorrido, indumentaria, rezos, plegarias y cánticos. El escenario esotérico incrementa su presencia popular con las hogueras, *les fogueres*, fuego sagrado en muchas religiones y culturas, frecuentes en nuestros pueblos y comarcas, además de las ya comentadas de San Juan, la fascinación que producen las llamas en nuestros pensamientos, el fuego luminoso, «exorcista» y «purificador», muy al gusto de la Iglesia católica en la defensa inquisitorial de sus dogmas y doctrinas.

En este conjunto de expresiones de la religiosidad en el mundo rural que organiza la vida laboral, social y festiva subyace en el santoral el milenario pasado y surge el interrogante y la hipótesis de su oscuro origen, un sobrecogedor patrimonio inmaterial de atavismos unidos a la repetición de los ciclos agrarios y su magnitud en el pensamiento, necesidades vitales y la actitud ante la vida de las sociedades agrícolas. Una vez que se han desvanecido en el devenir de los siglos las creencias que generaron estos rituales, subsisten hasta nuestros días mantenidos en su forma por la costumbre y la inmovilidad evolutiva de las sociedades preindustriales adscritas a los cultivos y la ganadería.

Refranero referido al pan

> Paréceme, Sancho, que no hay refrán que no sea verdadero, porque todos son sentencias sacadas de la mesma experiencia, madre de las ciencias todas.
>
> Don Quijote

El ciclo de siembra, cosecha, batida, molinería, harina, horno y pan, simultaneado con otras tareas agrícolas, unido a los fenómenos, rigores y riesgos atmosféricos, así como al santoral como calendario de actividades, ha generado en el habla coloquial de las sociedades tradicionales un gran número de proverbios, máximas y refranes que daban sentido y énfasis a las conversaciones y adornaban el habla con su sabiduría resumida y sentenciosa. Hay refranes para todos los momentos y situaciones de la vida, actividades y oficios, con expresivas imágenes, breves y reflexivas, locuciones y metáforas, que forman parte de la cultura e identidad de los pueblos. Cada tema o vertiente humana y social es una fuente inagotable de imágenes que se amplía conforme te adentras en su legado.

Cervantes documenta su uso en la España del siglo XVI por medio de Don Quijote, no solo en la voz del pueblo llano que personaliza la humilde figura campesina de Sancho, sino en boca del Caballero de la Triste Figura, el egregio hidalgo don Alonso Quijano, que elogia el refrán con el texto que encabeza este epígrafe (Don Quijote. Capítulo XXI de la Primera Parte: «Que trata de la alta aventura del yelmo de Mambrino, con otras cosas sucedidas a nuestro invencible caballero»). En el capítulo XLII, «De los consejos que dio Don Quijote a Sancho Panza antes de que fuese a gobernar la ínsula», dice en sus prudentes enseñanzas: «Sancho no has de mezclar en tus pláticas muchedumbre de refranes que sueles…», pero el bueno de Sancho contesta: «Eso, Dios lo puede remediar; porque sé más refranes que un libro, y viénensome todos juntos a la boca cuando hablo». Y sigue a continuación, incontinente, con un rosario de refranes enlazados con los que expresa su pensamiento y motivaciones, aplicadas en todo momento de la conversación. La plática entre Don Quijote y Sancho es de una gran viveza y colorido, y muestra cuál era su importancia como recurso expresivo en el habla del siglo XVI en España, cuando aquel realza la sabiduría de Sancho, que no sabe leer ni escribir, carece de la más mínima instrucción y su única ciencia es la de los refranes, con los que impregna de sentido común su discurso.

Los refranes referidos al pan son todo un tratado que la sabiduría popular nos ha legado sobre su protagonismo y relevancia en el día a día, y reflejan el drama vivido del hambre, de la carestía que acosaba a las clases más humildes, cuya extrema situación se expresaba en «Ni tindré casa, ni fogassa». A fin de cuentas, lo que la gente comía en las sociedades preindustriales era, básicamente, lo que se producía en su entorno inmediato, la adaptación al medio productivo origen de una cultura y de un modelo de vida que da sentido de identidad a las expresiones «Dime qué comes y te diré quién eres» o «Somos lo que comemos».

He agrupado unos cuantos refranes concernientes al pan sin agotar su gran caudal. Castilla es, posiblemente, donde la acumulación de esta cultura oral y escrita ha tenido más arraigo y riqueza; no obstante, en general, los refranes citados pertenecen a todas las regiones, en la lengua propia de cada una. El pan adquiere un sentido de afectiva relación social dentro de la pobreza, de amistad y disposición a repartir: «Compartir el pan», «Comer del mismo pan»… o, también, a la contra y marcando distancias, «Con tu pan te lo comas». Cuando una tarea o propósito ha resultado fácil de lograr, exclamamos «Ha sido pan comido» y, según su contenido o intención, «Tiene miga». Si queremos significar que hay que llamar a las cosas por su nombre, «Al pan, pan». Por otra parte, el desinteresado amor, y como tal la renuncia material a la que se está dispuesto, se puede expresar en «Contigo pan y cebolla».

En la actualidad se ha reducido mucho el uso del recurso expresivo del refrán, descargado de importancia como significativo referente, conforme el consumo del pan ha pasado a ser secundario en la mesa y en la nutrición. Para muchos jóvenes de nuestro tiempo, algunos refranes pueden resultar incomprensibles. No obstante, su vehemencia metafórica sigue viva en la memoria colectiva, la seguimos utilizando en muchas ocasiones en el habla cotidiana, mientras que en el lenguaje escrito sigue apoyando, con su sencillez y brevedad, nuestros comentarios y asertos.

Dame pan y dime tonto.
Más largo que un día sin pan.
A pan de quince días, hambre de tres semanas.
Agua de mayo, pan para todo el año.
Con pan y vino se anda el camino.
Donde hay hambre no hay pan duro.
Dios le da pan al que no tiene dientes.
Donde no hay harina todo es mohína.
Lágrimas con pan pronto se secarán.
Los duelos con pan son menos.
Más vale pan duro que ninguno.
Ni mesa sin pan, ni ejército sin capitán.
Ni mesa sin pan, ni mocita sin galán.
No solo de pan vive el hombre.
Pan, uvas y queso saben a besos.
Todos los niños nacen con un pan bajo el brazo.
Al que tiene hambre, las piedras le parecen panes.
Si tienes pan y lentejas, para qué te quejas.
Pan tierno y vino añejo dan vida al viejo.
Quien hambre tiene en pan piensa.
Pan ganado sabe a gloria.
Las penas con pan son buenas.
Contigo pan y cebolla.

Unos siembran el pan y otros lo cogerán.

Pan de trigo, aceite de olivo y parra de vino.

Pan para hoy y hambre para mañana.

Quien da pan a perro ajeno, pierde el pan y pierde el perro.

Más bueno que el pan.

No tendré casa ni hogaza.

Hay más refranes que panes.

Una cosa es predicar y otra dar trigo.

El catalán de piedras hace pan.

Al buen amigo, dale tu pan y dale tu vino.

Déjate de tanto refrán y vete a buscar pan.

En casa del capellán nunca falta el pan.

No hay mejor refrán que buen vino y buen pan.

Pan de centeno, con hambre es bueno.

El largo proceso de cultivo asociado a las estaciones ha dado lugar a un extenso repertorio refranero, referente del otoño y la siembra; el letargo invernal; la primavera y verano cuando fecundan las labores; la cosecha, la siega y la trilla, separar el grano de la paja en las eras…, aventar para separar el grano. Duras y exigentes tareas («San Lorenzo en la parrilla, y el labrador en la trilla») que por su trascendencia económica estaban necesitadas de la colaboración colectiva; hombres, mujeres, viejos e incluso niños, todos tenían una tarea a desarrollar y se llevaban a cabo casi como una fiesta; organizaba la vida campesina y presidía todas las celebraciones, bodas, fiestas, decisiones familiares y colectivas.

De tan arduas labores que cerraban tantos meses de trabajo para asegurar el pan de todo el año han quedado algunas locuciones de uso actual: «Mucha paja y poco grano», pues cuando la lluvia era abundante podía crecer mucho la mies, pero en detrimento del grano obtenido, contratiempo aplicable a muchas tareas de molesta ejecución y pobres resultados. O «El que no quiera polvo que no vaya a la era», ya que separar el grano de la paja con el trillo y aventar levantaba abundante polvo, molesta situación que decimos de quien no asume los inconvenientes de una tarea en su desarrollo.

También la imprevisible meteorología, determinante del buen fin de la producción agrícola, generó un importante conjunto refranero que recoge la inquietud del campesino, siempre escrutando el cielo del que dependía la plenitud y bondad de la cosecha, con la lluvia o la nieve oportuna: «Agua de mayo, pan para todo el año», «Lluvias de abril y mayo son las mejores del año», «Nadal nevat, any de blat / Año de nieves, año de bienes», «Any de neu, any de Déu». O la tempestad y el pedrisco sobre la mies madura que podían acabar, en dramáticos instantes, con el trabajo y las esperanzas del año: «Septiembre seca las fuentes o se lleva los puentes».

También las predicciones campesinas relacionadas con el tiempo, como «Cel a borregets, aigua a cantarets» o «Quan Benicadell es posa capell, llaurador, pica espart i fes cordell», repetidos en los mismos o parecidos términos en otros lugares de la geografía valenciana, vaticinaban la lluvia que era mejor recibir en casa ocupados en otras tareas que nunca faltaban en la vida campesina. Campesinos, pastores, marinos…, por sus trabajos que realizar en plena naturaleza escrutaban el cielo intentado interpretar sus manifestaciones, de las que dependía tanto su existencia como su seguridad. Llegaron por sus observaciones, propias y heredadas y experiencias acumuladas sobre la repetición de ciertos fenómenos, hasta tener unos conocimientos que les permitían predecir comportamientos atmosféricos por la lectura de las formas de las nubes y otros factores, y así anticiparse a sus efectos. Esta sabiduría de gentes de permanente vida en el medio natural y su intento de descifrar el cortejo de expresiones naturales del tiempo con los que necesariamente habían de convivir se plasmó en una singular publicación anual, el *Calendario Zaragozano*, cuyo contenido lo avanza el subtítulo: «Juicio universal meteorológico, calendario con los pronósticos del tiempo, santoral completo, calendario y ferias y mercados de España». Nada menos que da a conocer —sin base científica— la meteorología de todo un año. Una publicación popular y de gran difusión nacida en 1840 y que todavía se edita sin haber variado el formato, ni el color de las tapas, ni el diseño. Curioso y atrevido pronóstico para un año que la ciencia moderna todavía no es capaz de anticipar, salvo para unos cuantos días con completa fiabilidad. La pervivencia del *Calendario Zaragozano* se puede calificar como una curiosidad bibliográfica.

En cuanto al ciclo del trigo hasta que se convierte en pan y sobre la incertidumbre y riesgos meteorológicos presentes en su desarrollo, en *Alberri*, publicación del Centre d'Estudis Contestans, n.º 28-2018, aparece un artículo que lleva el título «El lèxic del blat al Comtat». Su autor, Josep Vicent Cascant Jordà, nos regala una prolija enumeración del vocabulario específico, además de numerosos refranes, frases y locuciones, e incluso canciones de trilla.

El esfuerzo físico que exigían estas labores —como la siega en mitad del ardiente verano, o la trilla, en la que participaba toda la familia y a la que se le sumaba la solidaridad campesina—, tareas vivas en los secanos hasta mediados del siglo pasado, ya son solo historia del trabajo agrícola, eliminadas por la mecanización, el uso de tractores y cosechadoras que aúnan varios procesos, que han terminado con las fatigas de otros tiempos y reducido drásticamente la necesidad de mano de obra, antaño muy numerosa.

La escasa e irregular superficie de los cultivos de secano que impone la accidentada orografía de nuestras comarcas interiores dificulta la mecanización de las labores, mejoras que, de todas formas, no podían costear las débiles economías de supervivencia que dependían de pobres parcelas en las laderas o terrazas de las montañas. El colapso de estas ancestrales formas de producción en los secanos montanos, y ante la carencia de alternativas de trabajo, ha sido uno de los principales motivos del éxodo campesino en busca de mejoras que les eran negadas en su nada idílica vida agrícola de subsistencia, la renuncia al agro que ha sumido los montes en el vacío y el silencio.

Agricultura del secano. Terrazas artificiales de cultivo, en su mayoría destinadas a los cereales, las denominadas «tierras de pan». Castellfort (Castellón)

Segunda parte. Los molinos hidráulicos harineros

Unido a los albores de la agricultura cerealista, nace en la Edad de Bronce el molino de piedra, un utensilio consistente en una piedra plana horizontal y otra curva en forma de barca, la cual, movida manualmente sobre la primera, tritura el grano por frotación hasta convertirlo en harina. Los iberos perfeccionaron el primer molino mediante un sistema de rotación de dos ruedas circulares con un eje de unión entre ambas, una fija de base y otra superior volandera movida por la fuerza humana o por animales, caballos o mulos, el «molino de sangre», también denominado posteriormente tahona, término derivado del árabe andalusí y que también se refiere a la panadería, donde se cuece y vende pan.

El uso industrial del agua. La fuerza del agua y la del viento han sido las primeras energías que el hombre ha utilizado en el trabajo. La energía producida por una sencilla rueda de palas movida por el paso del agua por debajo o recibiéndola en cascada, transmitida por un sistema de engranajes a utensilios especializados, es el fundamento del molino hidráulico. Esta rueda es uno de los primeros dispositivos de la historia del maquinismo, origen de una serie de importantes mecanismos y elementos básicos de útiles y dispositivos aplicados en la tecnología hasta la Revolución industrial.

Fue una innovadora aportación técnica, diversificada en distintas funciones y especialidades según su destino o utilidad, como molino de aceite (almazara), de arroz, de esparto, de sal, de cerámica, de pólvora..., así como los batanes de la industria textil y del papel que utilizaban muelas para desmenuzar o prensar. En la intención de este libro me refiero solo al molino harinero/*fariner*, por su necesaria mediación entre los cereales y su conversión en harina.

Molino de mano y moledera neolítico de la cova de l'Or (inventario 5117 y 5118) situados en la vitrina 34 de la sala El Neolítico: los primeros agricultores y ganaderos. © Museu de Prehistòria

Molino rotatorio ibérico de la bastida de les Alcusses (inventario 6428 y 6429) situado en la sala Recreación de una casa ibérica. © Museu de Prehistòria

El pan y los molinos harineros de agua en las tierras valencianas

Molino rotatorio ibérico del tossal de Sant Miquel (inventario 6430 y 6431) situado en la sala
La ciudad de Edeta y su territorio. © Museu de Prehistòria

Igualmente, dejo el molino de viento como alternativa molinera y su peculiar y pintoresca arquitectura, torre y aspas, distintivo en el paisaje en altozanos o despejados espacios que recogen la brisa que los mueve, cuya presencia en la geografía valenciana es muy reducida. Con el mismo sistema propulsor de los molinos hidráulicos y con mecanismos similares tenemos los martinetes y las sierras, ingenios que, al igual que cualquier especialidad de la molinería citada, tienen suficiente entidad como para una dedicación monográfica.

Del elemental molino manual de piedra al hidráulico tiene lugar un paso trascendental por su elevado rendimiento en la producción harinera, plenamente activo durante siglos hasta su total desaparición a partir de la Revolución industrial en el XIX, cuando la máquina de vapor y la electricidad sustituyeron al agua y al viento como únicas fuentes energéticas. El molino hidráulico está documentado por primera vez en Occidente en el Imperio romano por Vitruvio (siglo I a.C.), arquitecto e ingeniero militar de Julio César y Augusto, quien describió la rueda hidráulica en su tratado de arquitectura, el más antiguo que se conoce: diez volúmenes, considerados durante siglos como el compendio máximo de la materia. La rueda de Vitruvio era vertical, impulsada por el agua a su paso por la parte inferior o en cascada por la parte superior, movimiento que mediante un sistema de engranajes se transmitía del eje horizontal al vertical. Roma disponía de una avanzada tecnología constructiva y dominaba la forja, el uso de los metales, y contaba por añadidura con artesanos especializados. Todo esto le permitió extender el uso de la rueda vertical a variadas aplicaciones y mecanismos, entre ellas a la molinería de los cereales y, como consecuencia, provocó un notable incremento de la producción harinera, de la cual siempre estaba necesitado para el abastecimiento ciudadano.

Sin embargo, y pese al notable desarrollo innovador del Imperio romano, se seguían utilizando los primitivos útiles originados en el Neolítico, sin que se extendiera ampliamente la previsible mecanización. La ralentización de este proceso ha sido atribuida a la abundancia de mano de obra esclavizada, según Fernando Sendra y otros autores, una interpretación que no es compartida por otros investigadores, que añaden otros factores que frenaron la expansión del ingenio hidráulico, entre otros su elevado coste.

Con todo, Roma nos ha legado importantes testimonios de los ingenios de rueda vertical movidos por el agua, reflejo de su alta capacidad técnica y constructora aplicada a la explotación de los recursos naturales y a la organización agrícola de extensos territorios con las villas, unidades económicas proveedoras del sustento ciudadano. Fueron logros unidos a la distribución, control y gestión del agua, básicamente sobre una compleja red hidráulica, obra pública para el consumo agrícola y humano. El más elocuente ejemplo de su competencia técnica y avanzada ingeniería lo constituyen los molinos de Barbegal, en Fontvieille, cerca de Arlés: un excepcional conjunto de dieciséis molinos de rueda vertical, dispuestos en escalera en dos líneas paralelas de ocho unidades, sobre una ladera de pronunciada pendiente. El agua que mueve el conjunto le llega por un acueducto de once kilómetros que abastecía a la ciudad de Arlés. Abandonados los molinos tras la caída del Imperio romano, la moderna arqueología ha rescatado de sus ruinas tan colosal legado de finales del siglo I de nuestra era y revelado el funcionamiento del conjunto, considerado como la mayor concentración mecánica de la Antigüedad. Fue un verdadero complejo industrial de productividad a gran escala de harina y su conversión en pan.

A lo largo de la Edad Media crece y se extiende la utilización de la fuerza motriz del agua en los molinos harineros y otros ingenios, un continuado y lento proceso de difusión ralentizado por las dificultades técnicas, la elevada inversión y la necesidad de disponer de caudales permanentes de agua. La expansión hacia Occidente del islam, portador de gran número de nuevos cultivos que mejoraron notablemente la dieta de los pueblos, introduce a la vez innovadoras técnicas y tecnologías aplicadas en la gestión del agua, entre ellas la rueda motriz horizontal, un modelo que necesita menos caudal que el vertical para su funcionamiento. Esta cualidad es de suma importancia dentro de la escasez hídrica mediterránea y con una tecnología superior a la del mundo anglosajón, donde al contar con agua en abundancia se usaba con preferencia la rueda vertical, tal como observa el catedrático de Historia Medieval de Valencia Enric Guinot, autor de importantes trabajos de investigación, entre ellos de la molinería en nuestras tierras.

El molino hidráulico hasta la Revolución industrial

El molino ha tenido un importante protagonismo durante siglos en el desarrollo de las economías de las sociedades agrícolas preindustriales por su necesaria intervención en el tránsito del cereal a la harina, el proceso básico que ampliaba sustancialmente el número de comidas disponibles. El molino hidráulico, en toda su dimensión y análisis, engloba un complejo conjunto de elementos diseñados para su función específica que empieza en el edificio, el casal, compendio de la arquitectura como arte funcional, con su estructura proyectada para la instalación de maquinaria necesaria para la molienda del grano, más una serie de elementos auxiliares y vivienda del molinero. En cuanto a los mecanismos, los molinos valencianos, desde el siglo XIII hasta la Revolución industrial en el XIX, apenas alteraron su tecnología básica, con mejoras de diseño y el cambio de algunos de sus dispositivos y piezas de engranajes, originalmente de madera, por otros de metal, pero identificados con la funcionalidad básica de sus orígenes.

El molino ante una sociedad que cambia. Desde la Revolución francesa y la Ilustración se suceden en Europa hechos históricos trascendentales, cambios generales, económicos y políticos que alumbran un nuevo orden social en las naciones cuyo flujo renovador irradia a nuestro país. La aprobación en 1812 en las Cortes de Cádiz de la Constitución española, conocida popularmente como «la Pepa», de suma importancia histórica por ser la primera de nuestro país, tuvo especial repercusión durante la segunda mitad del XIX y principios del XX con la creación de un orden jurídico y político nuevo hacia la Revolución liberal. Estos cambios ponen fin al inmovilismo de los privilegios de la nobleza y de la Iglesia, transformando una sociedad que sale del feudalismo con la abolición de los señoríos, laicos y eclesiásticos, sobrevenido tras un largo proceso iniciado a finales del XVIII con las leyes de Desamortización de Godoy (1799-1808), Mendizábal (1836-37) y Madoz (1855). Estas enajenaron y pusieron en venta tierras, bienes, inmuebles y posesiones hasta entonces en poder de las «manos muertas», de la Iglesia y las órdenes religiosas, liberando vastas propiedades que, subastadas, pasaron en su mayor parte a la burguesía, un sector socioeconómico emergente y bien dispuesto a invertir en las desamortizaciones, que ponían en sus manos extensas posesiones a un costo reducido.

El desmantelamiento del régimen señorial auspiciado por el reformismo borbónico conduce a la revolución burguesa, el ascenso de una clase social que asume el liderazgo de los renovadores cambios sociales con el soporte de una nueva legislación liberadora en la normativa jurídica sobre la propiedad y que propicia la libre iniciativa de empresa, de mercado y de contratación laboral frente al absolutismo de los privilegios feudales. Estas reformas hacen posible privatizar los molinos, liberados del control y monopolio señorial, a los que accede la inversión capitalista, asumiendo su construcción, decidiendo su situación antes muy limitada y el arrendamiento o la explotación propia, generando bienes de producción que pasan a manos del creciente protagonismo emprendedor de la clase burguesa. Este nuevo contexto normativo, las mejoras económicas, la progresiva mecanización iniciada desde mediados del XIX y el espectacular aumento de la población generan la construcción de un elevado número de molinos, muchos de ellos de gran tamaño.

Sin una cronología precisa y con marcadas diferencias en su nacimiento y desarrollo según los países, e incluso entre territorios españoles, la suma de históricos procesos y cambios sociales, económicos y tecnológicos que se ha denominado Revolución industrial tiene lugar entre finales del XVIII y el XIX. Este renovador y trascendental proceso, el más importante de la sociedad humana desde el Neolítico, con la agricultura como base económica de existencia y transformación social, determina el fin de la molinería hidráulica ante las nuevas fuentes de energía, el vapor y la electricidad, que sustituyen a la fuerza energética del agua.

El fin del molino hidráulico. Liberado el molino de la subordinación a las corrientes de agua como único recurso energético, su emplazamiento se decide a conveniencia por cuestiones económicas, técnicas y de transporte, factor este último potenciado por la mejora de las vías de comunicación, especialmente por la significativa contribución del ferrocarril. Su mayor productividad y la mejora en la distribución de mercancías permite comercializar la harina más allá de su inmediato entorno, a diferencia de la molinería tradicional, que atendía al consumo local en un área restringida a su proximidad, modificación conceptual que generaliza su nueva denominación de «fábricas de harina».

Tan radicales innovaciones técnicas y productivas eliminan a los pequeños productores tradicionales, incapaces de contrarrestar la competencia de las empresas harineras en su producción y distribución, dentro de un nuevo y amplio frente de comercialización en el que el molino histórico pierde su protagonismo y relevante función económico-social mantenida durante siglos. Por otra parte, la automatización de los procesos ya no precisa del mantenimiento a cargo del *mestre moliner* gremial, el especialista que vivía con su familia en el molino y tenía a su cargo su buen funcionamiento y la correcta molienda, garante de la calidad de la harina. La organización corporativa de los gremios regulaba el trabajo y obligaba al riguroso cumplimiento de su normativa, formas tradicionales de gran importancia en el Reino de Valencia; estas relaciones laborales fueron modificadas ante la libre contratación, que sitúa en el nuevo escenario económico productivo capitalista a una nueva clase trabajadora: el proletariado.

Las nuevas fuentes energéticas terminan con el molino tradicional, incapaz de competir con los de nueva planta, en un tránsito de mecanización ralentizado, entre otros factores, porque inicialmente los costes eran elevados y también por el lógico temor al fracaso en aplicar nuevas tecnologías. Fue un periodo de cambio con las innovaciones tecnológicas durante el cual conviven ambos sistemas y que comprende desde la segunda mitad del siglo XIX, inicio del declive de la molinería tradicional, hasta quedar por completo extinguida a mediados del XX. Fue una decadencia prolongada más allá del fin de la Guerra Civil, durante una penosa y larga posguerra de extrema necesidad, de carencias básicas de toda índole, provocadas por la destrucción bélica y la autarquía franquista. Supusieron tiempos de obligada venta al Estado de la producción de trigo, una política de intervención por el Servicio Nacional del Trigo (SNT), creado en 1937 en la zona de los sublevados. Constituyó una intervención impositiva que confiscaba trigo y harina por su relevancia alimenticia para su control y obligaba a los molineros a vender a un coste muy bajo toda su producción al Estado, lo que provocó la ocultación de parte de cosechas y las moliendas en tiempos de escasez y hambre, el mercado negro y el estraperlo.

Cuando los molinos dejaron de ser útiles, sin uso alternativo compatible con su conservación, abandonados y sin mantenimiento, su deterioro y ruina fue el proceso generalizado, acelerado en muchos casos por la utilización o venta de la teja moruna que cubría la techumbre, quedando sin protección ante la lluvia que penetraba libremente en el interior de la construcción. Muchos se han perdido, cubiertos de matorral; arrasados por las transformaciones agrícolas o por la expansión urbana. Algunos fueron reutilizados temporalmente para aprovechar su mecanismo impulsor en otras actividades productivas, dando origen a pequeños núcleos industriales temporales. Otros se aprovecharon como auxiliares de la agricultura, almacenes para guardar enseres, herramientas, vehículos…; como viviendas particulares y, muy pocos, habilitados para la restauración o la celebración de eventos. En ocasiones, en el aprovechamiento del edificio, la fisonomía original de su fachada exterior ha quedado sin alterar —los hay datados en el siglo XV—, pero en su interior las modificaciones para su adaptación a nuevos usos han supuesto la pérdida de sus estructuras básicas y de la maquinaria, dificultando su datación o imposibilitando identificar sus rasgos originales.

De un gran número de molinos, la mayoría, de su edificio en ruina avanzada tan solo han quedado arrumbados muros sin rastro de la maquinaria, vestigios de un inerte y silencioso legado de la historia de la tecnología y el trabajo. Solo unos pocos conservan en estado satisfactorio el edificio y la maquinaria, y otros, escasos y acondicionados, se han destinados a museos.

Las fábricas de luz. Algunos molinos rindieron un postrer servicio cuando fueron reconvertidos en pequeñas centrales hidroeléctricas, sustituyendo la rueda motriz por la turbina, cuya reducida producción solo atendía a un uso industrial local de pequeña intensidad o se destinaba al alumbrado público que, pese a su parpadeante modestia, iluminaba la vida en los hogares y modificaba hábitos y costumbres en uno de los más grandes pasos de la humanidad, de tal trascendencia que luz ha pasado a ser sinónimo de electricidad. Estos pequeños centros productores desaparecieron a mediados del siglo XX cuando se levantaron centrales hidroeléctricas.

El molinero, el *mestre moliner*: vida y picaresca en el molino. La importancia y complejidad de la molinería requería en todos sus procesos la dedicación completa y adecuada formación del responsable de su mantenimiento, el molinero, que atendía el correcto funcionamiento del conjunto de mecanismos del molino, control de la molienda y la vigilancia que asegurara la pureza de la harina, profesional bajo el amparo y la dependencia del Gremi de Moliners con el nivel de *mestre*. Los gremios tuvieron un marcado protagonismo en el Reino de Valencia, especialmente en las ciudades, reglamentando el trabajo de sus afiliados con la exigencia de cumplimiento de una normativa y disposiciones de carácter corporativo. Se constituían por la asociación de oficios, estableciendo la jerarquía profesional en tres categorías: maestro, oficial y aprendiz. Su actuación y ganado prestigio por el nivel y calidad de sus obras en el mundo del trabajo en Valencia desde la Edad Media perduró hasta la abolición del sistema gremial, sustituida por la base laboral capitalista de liberalización de la industria, del comercio y del libre contrato individual del trabajador con el empresario o el patrono.

La importancia del trabajo del molinero nos ha dejado los apellidos Molins y Moliner, una costumbre antaño habitual de añadir al nombre propio el del oficio que se profesaba cuando este era importante, como una forma de identificación personal con su profesión, y que terminaba por convertirse en un apellido en la familia del molinero y su descendencia. Con frecuencia, la molinería seguía una tradición familiar por la cual se trasmitían de padres a hijos experiencias y formas personales, donde eran frecuentes las alianzas matrimoniales con otros miembros del oficio.

La ubicación del molino dependía de la disponibilidad del agua que garantizara su funcionamiento, razón por la cual podía situarse en lugares aislados y, generalmente, fuera de las poblaciones. Esta forzada dependencia suponía al mismo tiempo la integración en el medio natural del edificio. Lugar de trabajo y al mismo tiempo vivienda del molinero y su familia, se convertía en el espacio humanizado de encuentro social de un entorno trabajador del campo y de la población más cercana, de gentes de paso, de caminantes y arrieros. Al igual que otros lugares públicos como el lavadero, el horno, la fuente, los abrevaderos… daba ocasión al encuentro y comunicación de vecindad, un modesto ágora rural, a la charla amiga que aligeraba las fatigas del quehacer del día a día. Los campesinos con el grano para su conversión en harina habían de soportar en ocasiones largas esperas por el turno de las moliendas, aumentando con su obligada inactividad la vivacidad del lugar, donde podía cundir el juego, correr el vino y llegar a un ambiente festivo.

En el colorista escenario popular del molino y el molinero, en sus tradiciones orales, folclore y picaresca no podían faltar, completando el pintoresco cuadro la molinera, recreada por la literatura, el teatro y la música no siempre como personaje secundario y de rol pasivo, sino acosada o cortejada unas veces, y otras protagonista o provocativa. El espacio vivo y locuaz de variopintos personajes que se dan cita en el molino, su animada trama y variados lances, han protagonizado la narrativa en todos los niveles, llenado páginas escritas de cuentos, teatro y novelas, en las que brilla la autoría de nuestros grandes clásicos. Este caudal creativo es común a todas las sociedades donde su desarrollo agrario ha estado necesariamente unido a la imprescindible mediación del molino, con matices propios de regiones o países, además de la notable diferencia en estructuras y edificios del molino según la fuerza motriz utilizada, provenga del agua o del viento.

El molino de viento, alzado en los despejados altozanos o en los abiertos llanos, tiene una singular presencia estética en los paisajes que domina con su llamativo edificio y su adosado de ligeras aspas. Habitual en nuestros vecinos europeos, está especialmente significado en Holanda por su porte y envergadura, y ha sido recreado en la pintura repetidas veces por los más renombrados artistas. Su presencia es mínima en las tierras valencianas, aunque se tiene constancia de su existencia desde finales de la Edad Media. Se construían sobre zonas elevadas, para aprovechar mejor el viento y, normalmente, alejados de los núcleos urbanos. En España ha encontrado su lugar idóneo en las claras planicies de Castilla-La Mancha: «... porque ves allí, amigo Sancho, dónde se descubren treinta, o poco más, desaforados gigantes, con quien pienso hacer batalla y quitarles a todos la vida...». La aventura de nuestro Don Quijote con los gigantes, desafortunado suceso del que terminó «rodando muy maltrecho por el campo», es una desdicha más de las vividas por el Ingenioso Hidalgo, siempre dispuesto a dar fe de sí mismo ante los más descabellados lances solo con su valor y sentido justiciero. Tan desproporcionada lucha contra los «gigantes» ha sellado y dado contenido metafórico a la frase «Luchar contra los molinos de viento».

El costo de la molienda se satisfacía generalmente en especie, con un porcentaje de la cosecha en grano o harina, la maquila, un sistema que se prestaba fácilmente a la sisa, picaresca habitual del molinero, razón por la cual los que encargaban el trabajo solían quedarse en el molino mientras tenía lugar la molienda, para comprobar que su pertenencia no sufriera merma a cargo de la larga mano del molinero. La desconfianza de las gentes con la poca honradez atribuida a estos se refleja en gran número de refranes, de los cuales citamos: «De molino cambiarás, pero de ladrón no saldrás», «Molinero y ladrón, dos cosas suenan y una son» y «Dios da la harina y el diablo la maquila». Además de refranes, un buen número de cuentos recrean este engañoso y pícaro trasfondo del universo de la molinería.

Molí Vell. Benifaió. Valencia

Molí Nou. Quartell. Camp de Morvedre. Valencia

La localización del molino

Como primera e ineludible exigencia, la ubicación del molino era decidida por la disponibilidad de agua en sus cercanías que garantizara su funcionamiento, su captación en la ribera de los ríos, fuentes y arroyos, en los márgenes de barrancos y ramblas de los estrechos valles montanos y junto a las acequias, procurando también la cercanía a centros de consumo que rebajase los costes de trasporte y atendiese mejor a la demanda. Por fuerza, el edificio del molino se adaptaba a las condiciones topográficas de su emplazamiento. Cuando los caudales que recibía directamente eran reducidos o esporádicos, se recurría a las balsas que almacenaban el agua. Las avenidas han destruido en ocasiones algún molino, no solo los ribereños de los grandes ríos, sino también los que dependían de los caudales esporádicos de ramblas o barrancos. La previsión sobre estos percances era un factor, entre otros, a tener muy en cuenta al decidir su emplazamiento y construcción.

Esta estrecha relación del molino con su entorno natural y humano, en los secanos asociados a la agricultura cerealista, los montes y en los regadíos, lo integra en la diversidad de paisajes agrarios tradicionales, sin que exista una tipología única, según observa el historiador Fernando Sendra Bañuls, autor de varios libros sobre la molinería hidráulica. Esto prefigura que, aun obedeciendo en su construcción a una estructura básica de soporte a unos mecanismos con idéntica función, los molinos sean tan distintos entre sí, sin que haya distintivos arquitectónicos señalados en su exterior que los identifique, como los molinos de viento se revelan descollantes e inconfundibles en los paisajes.

Por estas razones de estrecha vinculación con los territorios antropizados a los que da servicio el molino, el camino de comunicación adquiere especial relevancia y forma parte patrimonial del conjunto. Su trazado había de ser, como mínimo, de los conocidos como de herradura, abiertos para el paso de caballerías con carga y de ahí a los que permitieran el tránsito de carros. Su existencia ha quedado registrada en muchos casos por la memoria toponímica ante un inexistente molino en la actualidad.

Los molinos en el regadío. La histórica concentración de molinos sobre las redes de regadío ha tenido un lógico protagonismo por la disponibilidad de abundantes y permanentes caudales de agua que, al no sufrir pérdidas o alteración en sus cualidades a su paso por el molino, compartían sus beneficios con la agricultura y otros usos domésticos o artesanales. Por otra parte, en las áreas irrigadas, la demografía siempre ha sido superior a los secanos por su mayor productividad y diversificación de productos agrícolas, traducido en una mayor demanda molinera. El País Valenciano cuenta con notables zonas de regadío en el entorno de ciudades, valles y comarcas, como la Ribera del Xúquer, Alta y Baixa, el Alto Palancia, l'Horta Sud y Nord..., en los cuales se han concentrado gran número de casales molineros.

Los molinos podían estar directamente sobre la conducción de agua si sus caudales eran abundantes y de curso permanente que, aun circulando sin apenas desnivel, movían las ruedas motrices, evitando la costosa inversión de la balsa y del cubo, necesarios en lugares de escasos recursos hídricos, de almacén de agua y salto que potencia su acción por la caída. Cuando el molino estaba situado fuera de la conducción, se alimentaba por una almenara de desviación buscando un desnivel que potenciara su acción sobre la rueda motriz. La salida de aguas tras la molienda retornaba a la acequia y, en cuanto al edificio, con algunos cambios de adaptación en sus estructuras, su tecnología reproducía el esquema general.

De la gran cantidad de molinos harineros que desde la Edad Media existieron en las zonas de riego, muchos de ellos incorporaron muelas para el arroz, pasando a ser mixtos, con los útiles y el mecanismo para la doble función, lógica tendencia acudiendo a la gran expansión arrocera, especialmente abundante en la Ribera y en la Albufera y aledaños. Y estos al margen de los muchos que fueron creados solo para descascarillar este cereal, debido a la notable extensión de este cultivo que de forma tan manifiesta ha repercutido en la economía, formas de vida y gastronomía de las tierras valencianas.

Séquia Reial del Xúquer. Al fijar la atención en nuestras extensas áreas de regadío, se hace necesario al menos citar tan monumental acequia, la histórica conducción y su repercusión económica y social sobre un amplio territorio de fértiles tierras que atraviesa a lo largo de sus 54 kilómetros de longitud dentro de las comarcas de la Ribera y de l'Horta. Es la acequia más importante de las tierras valencianas, alimentada por el más caudaloso de nuestros ríos, el Xúquer, que mantiene niveles hídricos que sufren menos alteraciones estacionales que el Turia. El caudal arrebatado al Xúquer tiene lugar en Antella, un importante azud de origen andalusí, y a la trama de desvíos y acequias se acogen 25000 regantes a su paso por una veintena de municipios. Su construcción se inició en 1258, por ordenamiento de Jaime I, tan solo veinticinco años después de la conquista, quien la dotó de jurisdicción propia y mantenimiento a cargo de la figura del *sequier*, una intervención más del monarca que denota su valoración de estas tierras y su riqueza incrementada por la regulación de las aguas para riego. La conducción fue mantenida y mejorada en la época feudal y su competencia modificada a partir del siglo XVIII, en que fue ampliado su trazado. La séquia Reial del

Xúquer es un valioso patrimonio cultural vivo de la ingeniería hidráulica de nuestras instituciones de regadío, creador de un paisaje de gran magnitud y belleza en aras de una agricultura intensiva, y origen de gran número de molinos harineros y de arroz en la Ribera.

Séquia Reial de Montcada. Esta acequia captura aguas del Turia por su margen izquierda en el término de Paterna. De una longitud de 32,8 km, es uno de los sistemas hidráulicos más antiguos de Valencia. Por su amplia área de influencia por su trazado, altura y la deriva de una extensa red de acequias secundarias es una de las más importantes aportaciones al riego de la Huerta de Valencia. Se desconoce la fecha de su construcción, si bien se sabe que su origen está en la Valencia musulmana. Jaime I le otorgó jurisdicción propia con la distinción de Real. Su obra y condicionamiento permiten el curso de importantes caudales que, además de su aprovechamiento para la agricultura, ha facilitado utilizar su fuerza motriz en numerosos molinos.

Los molinos en la Huerta de Valencia

Desde el siglo X, durante el Califato de Córdoba, se sabe de la ubicación de molinos hidráulicos sobre la red de regadío de la Huerta de Valencia, subordinados a la distribución y regulación de los recursos hídricos del Turia. La Huerta ha contado históricamente con un elevado número de molinos que atendían a la importante demanda de una extensa y elevada concentración humana, de la ciudad y de una dilatada área de su influencia, de gran poder económico y creciente demografía, expansión que temporalmente se detuvo con la expulsión de los moriscos en 1609, pero que en el XVIII tuvo un espectacular crecimiento. En el siglo XIX, el auge económico y los importantes cambios en la legislación, con la liberación jurídica y el fin de los privilegios señoriales, fomentaron la construcción de numerosos molinos. Un escenario productivo que configuraba un paisaje unido al regadío de acequias, construcciones, huertas y caminos, en el que se integraba con plenitud el molino, asociado a una topografía muy distinta al interior y las montañas, donde, con igual tecnología, su emplazamiento estaba condicionado al obligado recurso del agua de arroyos o manantiales.

El agua, un recurso sabiamente gestionado en las tierras valencianas. Con las aguas del Turia derivadas por una extensa red de regadío y una cuidada gestión de sus caudales, la Huerta de Valencia, de elevado rendimiento agrícola y densamente poblada, es por excelencia paradigma de la simbiosis molino-regadío. El uso del agua ha dado lugar a una arquitectura popular específica relacionada con la trama de las conducciones y su utilización, patrimonio en el que se integran los molinos hidráulicos y que conforma un relevante conjunto histórico paisajístico de gran valor. El Agromuseu del Molí de Vera (Camí de Vera, 14. Valencia), al cual he dedicado un apartado, es la más elocuente documentación material de lo expuesto en todos sus elementos y su entorno huertano. Es una visita que recomiendo como ilustrativo complemento didáctico a este capítulo.

La ciudad de Valencia está unida al control y aprovechamiento del agua del Turia, a los beneficios que aporta y, a la vez, para prevenir sus dramáticos excesos, la violencia de las inundaciones con las cuales los valencianos convivimos y que han construido el territorio y proporcionado feraces tierras en la llanura aluvial sobre la cual estamos instalados. Al mismo tiempo, es de necesidad administrar con rigor sus normalmente escasos caudales, alterados por los señalados altibajos estacionales de máximos otoñales y prolongado estiaje, irregular comportamiento agravado por las frecuentes y duraderas sequías, acusadas variaciones de la climatología mediterránea de negativa incidencia en nuestro sistema hidrográfico.

El agua, por exceso o por defecto, sus violentas crecidas e históricas y duraderas sequías, ha sido un desafío permanente, tanto para aminorar sus dramáticas consecuencias como para forjar una responsable gestión como soporte de un complejo entramado humano, social, cultural y productivo: la Huerta. En ella, el hombre, el agua y la tierra, inseparables en un territorio de los más fértiles de Europa, creado y sostenido desde el siglo XI por la entrega a un constante y minucioso trabajo campesino. La Huerta está comprendida físicamente en el ámbito del regadío alimentado por un sistema de azudes que captan las aguas del Turia hacia las ocho acequias principales: Montcada, Tormos, Mestalla y Rascanya en la orilla izquierda, y Quart, Mislata, Favara y Rovella en la derecha, caudales derivados a su vez por una intrincada red de conducciones menores que vertebran en un amplio territorio el acceso al riego y para usos domésticos, industriales y urbanos del agua. Esta trama hidrográfica nos muestra en toda su dimensión un paisaje humano nacido del inteligente gobierno del agua y vertebrado por caminos, que compendia historia y cultura, el patrimonio vivo de ocupación de un territorio.

Desde siempre ha habido polémica respecto al origen romano o musulmán de la red de regadío, debate mantenido ampliamente en muchas ocasiones por negacionistas de la rica aportación cultural islámica. En la actualidad, se admite que los andalusíes recuperaron la obra hidráulica romana, en gran medida abandonada por los visigodos, la ampliaron y mejoraron creando la verdadera estructura del uso y control del agua como base de una agricultura altamente productiva, a la cual incorporaron nuevos productos traídos desde remotos lugares por la expansión islámica y que enriquecieron la dieta europea. Sobre este sólido perfil económico se organiza el territorio humano con una amplia y compleja trama de alquerías, asociadas a la agricultura de regadío, un modelo cuya pervivencia hasta nuestros días se confirma como herencia islámica. Enric Guinot, catedrático de Historia Medieval de la Universidad de Valencia, que ha estudiado a fondo el tema de la molinería histórica, afirma: «Els musulmans organitzaren les terres circundants als nuclis urbans sobre la base d'hortes, séquies i alqueries».

La propiedad de la tierra conlleva históricamente el derecho al agua: su control y equitativa distribución como un bien escaso, sujeto a las acusadas irregularidades en sus caudales y a las cíclicas sequías del extremo comportamiento del clima mediterráneo, constituyen la base jurídica del Tribunal de las Aguas de Valencia, que ha impartido su ordenamiento y justicia sin interrupción desde la época califal, a finales del siglo IX, hasta nuestros días. Sorprendente y ejemplar Tribunal, verdadero monumento jurídico islámico de milenario funcionamiento, cuya longevidad y procedimientos lo hacen único en Europa. A mediados del siglo XX, el embalse de Benagéber —en la dictadura franquista rebautizado como «del Generalísimo»— terminó con la permanente inquietud por el buen fin de las cosechas y con la conflictividad y violencia que generaba la escasez de agua en las sequías y en el largo estiaje estival. Esta seguridad en el suministro continuo de agua a la Huerta descargó al ilustre Tribunal de los numerosos pleitos de toda índole que generaban las penurias hídricas y la desventura humana de la supervivencia dependiente de los caudales disponibles, tantas veces insuficientes para la sedienta tierra. El Tribunal sigue su ritual y formas, se reúne los jueves y, en muchas ocasiones, no hay denuncias o procesos que juzgar, pero dentro de las limitaciones de su competencia, si emite un informe, este es aceptado como prueba irrefutable ante cualquier conflicto jurídico.

Desde el periodo andalusí, Valencia es una población instalada y abastecida por la Huerta. Esta y la ciudad han mantenido una estrecha y estable relación de intercambio económico y social que ha hecho posible la existencia y prosperidad de cada una gracias a la otra. La Huerta empieza donde la ciudad acaba, integrando y compartiendo el mosaico colorista de los cultivos de un inmediato paisaje, como parte de sí misma en un extenso entorno periurbano. Este legado musulmán y la acendrada tradición agrícola, vínculo y escenario popular, han sostenido modelos y usos tradicionales de vida que se identifican con nuestra historia, señas de identidad y personalidad de la ciudad de Valencia y que perduran pese al deterioro y retroceso causados por el crecimiento urbano, industrial y de servicios, la economía especulativa y la renuncia de muchos jóvenes a invertir su esfuerzo en una agricultura a la que no ven futuro. El escritor Blasco Ibáñez refleja en su novela costumbrista *La barraca*, publicada en 1898, esta comunicación del ciudadano con la cercana vida campesina del huertano, íntima y familiar, no siempre idílica, y que nuestro autor y político delataba en sus aspectos sociales y de convivencia.

La arquitectura del agua al servicio del molino

La arquitectura del molino está determinada en su construcción para el aprovechamiento de la fuerza motriz del agua, en las estructuras del edificio y la disposición de los mecanismos de relación entre sí y su funcionamiento. En su interior, las dependencias adaptadas a la maquinaria contaban con los auxiliares completos de la elaboración de la harina. La solidez de la obra, el espesor de los muros, los materiales y los aparejos están en razón directa del esfuerzo y la presión que habían de soportar, razón por la cual el sector más robusto es el que está en contacto con el agua, mientras que la vivienda del molinero y las dependencias auxiliares y de relación social son en todo similares al resto de construcciones de uso doméstico. Por razones de economía y ahorro de esfuerzo, al levantar el edificio utilizaban los materiales del entorno más cercano, piedra, masonería y recubrimiento de argamasa, los más primitivos. En los molinos señoriales de los siglos XVIII al XIX se emplearon sillares.

Muchos molinos en el medio rural quedaban aislados por las exigencias de su ubicación, pasando a ser centros de encuentro ocasional y de relación social, frecuentados por caminantes y trabajadores del entorno, además del obligado paso de los campesinos portadores de grano para la molienda. Muchos molinos no eran vivienda habitual, se ocupaban solo en la época de mayor trabajo, y otros que no disponían de un caudal permanente de abastecimiento estaban activos únicamente cuando las aguas temporales de primavera o de otoño hacían posible su funcionamiento. El edificio del molino, su arquitectura específica de adecuación de la unidad de dispositivos en su interior para la molienda y su conexión con el suministro de agua, los azudes, acequias, balsas…, además de los caminos de acceso, configuran un revelador conjunto de relación de elementos patrimoniales con el medio natural de las sociedades preindustriales.

Es importante recordar que no hay una tipología única constructiva del molino en su exterior, ni tampoco un distintivo del edificio muy marcado que lo identifique, asociado siempre en sus características a las necesidades locales, disponibilidad de agua y adaptación al lugar de emplazamiento, tal como observa el historiador Fernando Sendra Bañuls. Este afirma que dos sectores del edificio dan una primera división de su funcionalidad según estén o no en contacto con el agua y, en consecuencia, condicionan arquitecturas diferentes. El agua requería una construcción más sólida, más resistente, por lo cual es la parte que mejor ha resistido al paso del tiempo cuando el edificio se ha ido desmoronando por abandono y, fuera del contacto con el agua, la distribución es «Sala del molino, piso superior y dependencias anejas de uso auxiliar o doméstico, donde las características y pautas arquitectónicas son semejantes a las de un edificio común del entorno» (Fernando Sendra). También se puede observar el molino configurado por dos plantas principales: superior, sala de muelas, el espacio de trabajo del molinero y los dispositivos de alimentación, el grano y la harina; y la inferior, la parte más baja del molino.

La funcionalidad práctica exigida a la arquitectura del molino como premisa económica de producción harinera no elimina los elementos estéticos que aparecen en el espacio humanizado, por la necesaria presencia física del molinero y la relación con su entorno, el ámbito familiar y sus medios de subsistencia: huerto, corral, bodega, zona de animales, cuadra y patio de entrada que permitiera el acceso de las caballerías o los carros. Una distribución que responde a las necesidades cotidianas de la familia, con edificios de cubierta a una o dos aguas, normalmente rematadas con teja moruna.

Funcionamiento y elementos del molino

El molino tradicional hidráulico se abastece de la energía motriz renovable que no consume ni contamina, y que, una vez ha cumplido su función propulsora, puede ser reutilizada para otros fines, agrícolas o domésticos, para su total aprovechamiento. La fuerza motriz necesaria procede del agua de corrientes o embalsada, captada generalmente desde una situación más elevada que el molino y que, por un tubo vertical, cubo, *cup* o de una comunicación en pendiente, rampa, en su caída impulsaba una rueda con palas a modo de cucharas, el rodezno, *rodet, roda d'àlems,* situada en una sala o cavidad, la *cárcava, cacau,* en la más baja del molino y la salida del agua al exterior.

La energía mecánica generada por esta rueda se transmite por un eje vertical, el árbol / *l'arbre,* a la parte superior, la sala de muelas, el alma y el fundamento del molino, dos piezas circulares de piedra, una fija, setena, *mola de baix,* fija, *fixa,* y otra móvil, la muela volandera o *mola de dalt,* que, al girar sobre la muela inferior fija, molía el grano para convertirlo en harina y que mediante un dispositivo se elevaba a voluntad. Una vez el agua había pasado por la rueda motriz, se canalizaba hacia la corriente natural aguas abajo, río, arroyo o acequia.

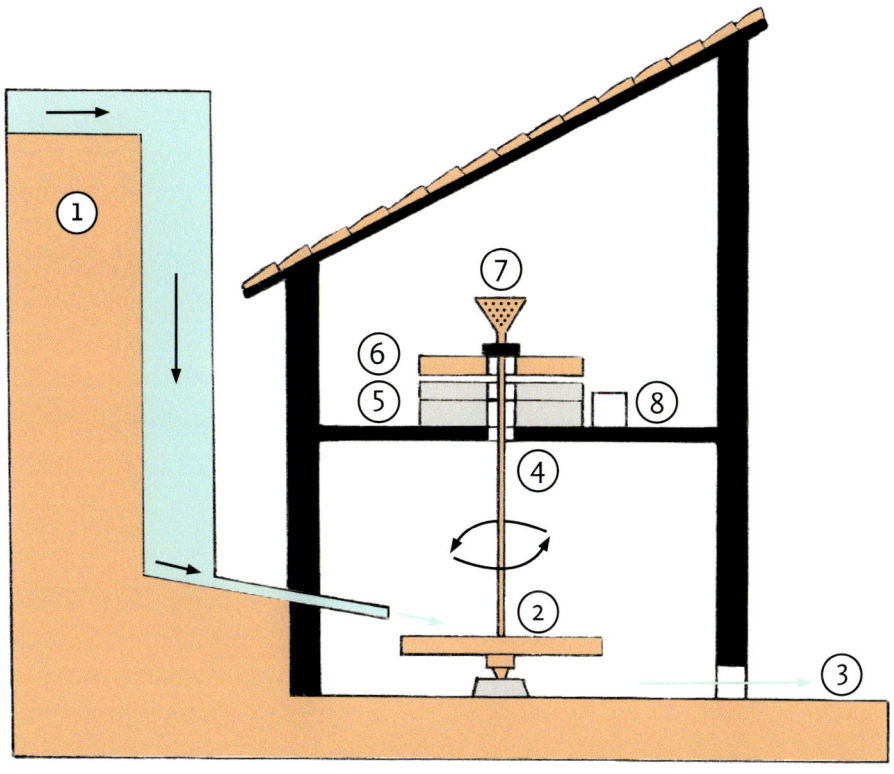

ESQUEMA DEL MOLINO. ELEMENTOS Y FUNCIONAMIENTO

1- El pozo, *cup*

2- Rueda motriz (rodezno, *rodet, roda d'àlems, roda a pales*)

3- Salida del agua

4- Árbol (*l'arbre*)

5- Muela fija (*setena, mola de baix, fitxa*)

6- Muela móvil (volandera, *mola de dalt*)

7- Tolva para el vertido del grano

8- Recipiente de recogida de la harina

La captación del agua. En las tierras valencianas está generalizada la escasez de agua por la reducida pluviometría y un largo y seco periodo estival, desfavorables condiciones que agravaban las reiteradas y, en muchas ocasiones, prolongadas sequías, causa de una restringida hidrografía de elevada irregularidad y de escasos cursos permanentes. Por todo ello, algunos molinos permanecían inactivos temporalmente durante el verano, sobre todo en las áreas de montaña, hasta que las lluvias otoñales o de primavera daban vida a los agostados cauces y permitían su funcionamiento a pleno rendimiento. Las nieves que antaño recibían las más elevadas sierras interiores, en inviernos más rigurosos que los actuales, ahora templados por el cambio climático, alimentaban durante el deshielo una eventual hidrografía, el recurso de arroyos que permitían la molinería en cortos periodos primaverales. Esto explica que hubiera molinos en lugares donde en la actualidad no podrían subsistir.

Las balsas resolvían en parte el problema, almacenando los escasos caudales para asegurar la molienda. El grupo de cinco molinos escalonados en el barranc dels Molins, en Ares del Maestrat (Castellón), es un magnífico ejemplo del aprovechamiento de las corrientes esporádicas del barranco, seco durante el estío. Cada uno de los molinos cuenta con su correspondiente balsa, y se logra que un mismo volumen de agua mueva cinco molinos.

El azud / l'assut. Término de etimología árabe que significa parada. Benjamí Barberà añade otras denominaciones en su *Catàleg dels molins fariners d'aigua de la província de Castelló*: resclosa, peixera, pesquera. Básicamente es una retención en la corriente de los cursos fluviales mediante un muro avanzado en el cauce, indistintamente en ríos importantes, barrancos, ramblas o modestas corrientes, para desviar el agua a las acequias, balsas, riego, al lavadero o a otros usos públicos o artesanales.

Cuando se trataba de la captación de agua en los ríos, su construcción había de ser de cierta envergadura y muy resistente, fabricada a base de sillares que debían resistir la corriente o las fuertes crecidas. No obstante, en su mayoría son sencillos muretes transversales, resueltos con pobres materiales que podían ser dañados o derruidos por el ímpetu de las aguas desbordadas tras las lluvias torrenciales y que requerían una atención continua para mantenerlos o rehacerlos, razón por la cual quedan escasos vestigios de este tipo, mientras que los construidos con sillar son visibles en muchos lugares.

En toda la geografía fluvial valenciana es elevadísimo el número de azudes, aparece con frecuencia el nombre el azud / l'assut, aun cuando no exista actualmente, pues la memoria toponímica registra su antigua existencia. En el Turia, un sistema de azudes deriva las aguas hacia las acequias principales, las arterias que dan vida a la histórica Huerta de Valencia: Montcada, Tormos, Mestalla y Rascanya, por la orilla izquierda, y Quart, Mislata, Favara, y Rovella, por la derecha. Del Xúquer, es necesario citar por su centenaria función l'assut d'Antella, que desde el siglo XIII desvía aguas a la Séquia Reial del Xúquer.

La acequia / *la séquia*. Acequia es un término más del rico legado lingüístico andalusí. Benjamí Barberà añade: *canal*, *canalera*, *rec*. Cualquiera que sea su procedencia, desde el azud, el embalse, la fuente, la mina…, el agua se canaliza por medio de la acequia para su utilización hasta la balsa o directamente al molino, canalizaciones que podían ser de gran longitud y cuya posición había de ser necesariamente más elevada que la del molino. Su construcción podía requerir fuertes inversiones por la topografía de su emplazamiento, cuando debía cruzar barrancos mediante puentes, acueductos, sifones, minas…, o había que excavarla en la roca, reforzarla con sillares o, simplemente, cavando una zanja en la tierra. Eran frecuentes el deterioro accidental del terreno, los derrumbes y arrastres por las tormentas y el desgaste por el uso, lo cual obligaba a su mantenimiento a fin de asegurar el óptimo funcionamiento del molino.

La balsa / *la bassa*. Benjamí Barberà añade *rebals*. Es la solución ante escasos recursos hídricos, más frecuentes en el interior montañoso, almacenando caudales de régimen irregular o temporal, de fuentes, barrancos, ramblas… Es una reserva de agua que, regulada, permitía moler de manera constante durante un tiempo determinado por la cantidad embalsada y que, una vez agotada, era necesario esperar hasta disponer de un nuevo volumen. Generalmente, la balsa se hallaba en las proximidades del molino y, por razones técnicas, en situación más elevada que el edificio a fin de aprovechar le energía que generaba la caída del agua. Sus dimensiones y capacidad eran desiguales, en principio pensadas en función del suministro que habían de aportar, pero que podían estar limitadas por economía o por la difícil topografía de su ubicación.

El agua de regadío. Muchos molinos estaban integrados en los sistemas de riego, construidos sobre las conducciones de las aguas que utilizan para su funcionamiento, sin alterar su curso, aguas que el molino no consume ni contamina y que, pasando con todas sus propiedades a la agricultura o a otros usos, se obtenía un doble beneficio y elevado rendimiento. Las comarcas valencianas, históricamente ligadas a la cultura y gestión del agua desde el periodo andalusí, han administrado sus escasos recursos para la agricultura y ganadería, el consumo doméstico y la industria, en suma, destacan por la organización de espacios productivos y humanos que han modelado el carácter y las capacidades de nuestro pueblo y han construido admirables paisajes culturales del aprovechamiento del agua.

Otra procedencia del agua. El agua podía llegar al molino directamente de fuentes o de galerías abiertas a los freáticos en las montañas, *mines d'aigua*, técnica introducida por los musulmanes en las tierras valencianas. Según Pedro Zapater Espinosa y M.ª Dolores Valdés Sanjuán, autores de *Guía de la arquitectura del agua*, la mina, los minados, *les mines d'aigua*, eran construcciones que captaban las aguas de los acuíferos y manantiales a base de túneles o galerías subterráneas. Son captaciones muy repartidas en nuestro territorio; algunas siguen utilizándose y otras están en desuso como consecuencia de la desecación del acuífero o manantial del que se nutrían.

El agua también podía llegar desde otros molinos, como puede verse en el barranc dels Molins, en Ares del Maestrat, un aprovechamiento ejemplar con un rosario de cinco molinos escalonados que utilizan en su descenso el mismo curso de agua. Cavanilles, en el Tomo I de sus *Observaciones*, nos dice de Molinell (caserío del término de Culla): «... este tomó sin duda el nombre de varios molinos que están en cuesta, donde aprovechan la corta cantidad de agua que nace en la parte superior del barranco, la cual va entrando sucesivamente en los estanques de cada molino, y cuando los llenó enteramente corre el molino mientras dura la rebalsa, descansando después muchas horas, necesarias para llenarlos otra vez».

El pozo/*cup*. Es la conducción que lleva el agua a la rueda motriz del molino desde la balsa o directamente de la acequia. Benjamí Barberà añade: *pou, cacau, salt*. De diámetro variable, la mayoría son circulares, pero también los hay cuadrados, trapezoidales y hexagonales, y eran de uso generalizado en las comarcas de montaña. Verticales y buscando la mayor altura, en proporción a los menores caudales disponibles y por la potencia que el salto transmitía con la caída a la rueda, razones por las que se disponían en lugares de reducidos recursos hídricos y que justifican la considerable elevación de muchos. Una técnica introducida por los musulmanes, en lo que coinciden diversos autores, considerada por Tomás Peris Albentosa como la mejora más importante en el molino medieval. En los de Ares, el que está en primer término, y a mayor altura, el molí de la Roca, que tiene el cubo de 25 metros, el de mayor elevación de Castellón y, posiblemente, de las tierras valencianas, de construcción muy sólida, ocho metros de sillar y el resto excavado en la roca.

El cubo/*cup* requería obra robusta por la fuerte presión que debía soportar del agua, razón por la cual su obra ha resistido en muchos de ellos mientras que el molino está en ruinas. Quedaba fuera del edificio, pegado a un costado, y su forma es, en general, troncocónica. Su boca exterior se solía tapar con una reja de hierro para evitar la caída al interior de elementos sólidos que embozaran el sistema y como medida de seguridad personal. Asimismo, se utilizaba la rampa desde la acequia, un sistema propio de los molinos instalados en las redes de regadío.

La cárcava/cacau. Denominación a la que Benjamí Barberà añade: *carcabà, carcol, carcabó*. Espacio identificado etimológicamente con el latín *caccabus*, olla, situado en la parte más baja del molino y que podía estar, parcialmente o en su totalidad, excavado en la roca, donde se emplazaba la rueda hidráulica de paletas curvas, a modo de cucharas, denominado el rodezno, *rodet*, *roda d'àlems*, turbina, y que recibía la caída del agua y le imprimía el giro generador de la fuerza motriz del molino. La cárcava se situaba de tal manera que el agua, una vez terminada su acción cinética a su paso por el rodezno, saliera al exterior para el riego y otros menesteres, o bien de suministro a otros molinos, como en Ares del Maestrat.

La balsa, cubo y cárcava, por su situación en contacto con el agua y recibir una mayor presión, exige una obra constructiva más robusta, mientras que el piso superior, la sala de muelas, con sus dependencias anejas, habitaciones y almacén, quedaban protegidos del agua siguiendo las normas arquitectónicas comunes a los edificios de uso normal. Las dimensiones de la cárcava varían según la capacidad del molino, y puede albergar más de una rueda. Su volumen tenía que permitir el fácil acceso desde el exterior para la inspección periódica de limpieza y reparación, los trabajos de mantenimiento y la correcta colocación de la rueda.

Banco/*banc*/*banquet*. Viga cuadrada de madera que atraviesa de parte a parte la cárcava, donde, en su parte central encaja el **árbol** / *l'arbre*, dispositivo fundamental de todo el entramado, encargado de transmitir el movimiento de la rueda motriz a la muela volandera que, sobre la fija baja, molía el grano. En el extremo libre del *banc* se colocaba una barra metálica vertical, el *alçador de moles,* que permitía, con una cadena, levantar a voluntad la muela volandera.

Las ruedas hidráulicas. El alma del molino es la rueda hidráulica de palas que da vida a un conjunto de mecanismos. Recibe la fuerza motriz por el paso o la caída del agua y, según su posición para recibirla, puede ser vertical u horizontal, lo cual ya define dos tipos de molino.

Rueda vertical. Rueda de palas accionada por el agua recibida desde arriba en cascada o movida por el paso del agua desde abajo. En ambos casos precisa importantes caudales, en lugares con abundancia de agua y aporte continuo, como los ríos. El movimiento horizontal del eje de la rueda se modificaba a vertical con un sistema de engranajes mediante ruedas dentadas que permitían ajustar la velocidad de rodaje para la molienda.

Rueda horizontal. En sus múltiples denominaciones, la rueda, el rodezno, *rodet*, rodete, *roda d'àlems*, *roda a pales*, turbina…, formada por barras radiales de madera en forma de palas, los álabes, con su extremo cóncavo semicircular, como cucharas, dispuestas y encajadas en un aro, al modo de una rueda de carro, que recibían directamente el agua desde el cubo o una rampa, cuyo impacto imprime el giro y pone en funcionamiento el sistema. El eje de la rueda, el árbol, traslada directamente su movimiento a las muelas, ahorrando engranajes necesarios en las ruedas verticales para cambiar el giro a vertical. En los modelos antiguos las palas eran de madera de haya, sabina, ciprés, encina…, que resistían sumergidas en el agua, si bien, con el tiempo, fueron sustituidas por el hierro, además de beneficiarse de las mejoras aportadas por la tecnología.

La rueda horizontal requería menos cantidad de agua para su funcionamiento, y fue una tecnología introducida por los musulmanes en España, ideal para los caudales reducidos, propios de las condiciones climatológicas mediterráneas. Por añadidura, su instalación, más económica y sencilla, al alcance artesanal, sin las exigencias de la compleja mecánica dentada del sistema de rueda vertical para trasmitir su movimiento horizontal a vertical, influiría también en priorizar su uso en nuestras tierras (Tomás Peris Albentosa).

Las muelas. Generalmente se hace referencia en el molino a una muela, cuando en realidad son dos circulares, de piedra e igual dimensión y grosor: la baja, fija, *fixa*, *mola de baix*, sotana, encima de la cual va la volandera, *mola de dalt*, móvil, que es la que, al girar, tritura el grano descargado entre las dos. Las dos muelas estaban unidas al **árbol** / *l'arbre*, eje vertical de todo el conjunto, conectado a la rueda motriz cuyo movimiento transmitía directamente a la muela móvil. Tanto la cara de la muela fija como en la inferior de la volandera, la superficie presentaba unas regatas dibujadas en curva desde el centro que trituraban el grano y permitían la salida de la harina. La continuada fricción en la molienda provocaba un gran desgaste que obligaba a renovarlas o revisarlas y rehacer el grabado de las superficies.

Por lo general, la mayoría de los molinos andalusíes disponían de un solo sistema de muelas, fija y móvil, dos a lo sumo, de servicio a las alquerías e igualmente bajo el sistema feudal atendiendo a la demanda productiva de los señoríos por causa de los escasos recursos hídricos, o bien porque sus prestaciones eran suficientes para atender a la demanda de su ámbito de servicio.

Los grandes molinos de varias muelas eran muy escasos, necesitados para su funcionamiento de importantes caudales de régimen permanente, y solo eran posibles los instalados sobre las acequias principales. La Huerta de Valencia y su histórica, extensa y sofisticada red hidrográfica ha dado origen a un elevado número de importantes molinos. Entre ellos destaca en Valencia el molí de Nou Moles. El nombre da a conocer su dimensión y la fuerza del caudal de la acequia de Favara que le proporcionaba la fuerza motriz. De origen islámico, situado a extramuros de la ciudad, quedó dentro de los límites municipales con la expansión urbana de Valencia, donde en la actualidad da nombre a un barrio y una plaza. Fue el molino más grande de la Huerta, en funcionamiento hasta 1929, en el que fue arrasado por un incendio. También había molinos intramuros de la ciudad medieval, asociados a varias acequias importantes, utilizadas para fines domésticos, y que pasaban por la ciudad dentro de sus murallas.

Se han reseñado y descrito someramente los dispositivos básicos del funcionamiento del molino. Quedan mecanismos, útiles y herramientas que intervienen en el proceso de la molienda, cuya enumeración resultaría fatigosa y fuera de la modesta intención divulgadora de estos escritos, dirigidos a conocer el entramado que articula el molino y recrear el escenario vivo que durante siglos estuvo unido a los quehaceres y vida de las sociedades que nos antecedieron. El vocabulario referido a los molinos difiere de una comarca a otra y, entre ellas, he seleccionado varios términos bilingües de los que aparecen con más frecuencia, sin agotar por ello la diversidad de nombres entre ambas lenguas.

La organización y regulación de los usos del agua

La expansión feudal de la Corona de Aragón incorporó con la conquista a sus dominios extensas áreas de regadío, bien reguladas y administradas con una elevada tecnología y cultura de la gestión del agua. Las huertas en el entorno de las ciudades aseguraban la vida y el desarrollo en la medina, espacios productivos que el mismo Jaime I contemplaba admirado y citaba en *El llibre dels fets,* la crónica de su vida política y militar. Una riqueza que la invasión ponía en sus manos creada por la superioridad de una cultura cautivada por el agua y su esmerado gobierno. El monarca, tras la conquista de Valencia en 1238, mantiene la distribución y el cuidado de las aguas tal como lo hacían los musulmanes valencianos y hace donación a los habitantes de todas y cada una de las acequias, de uso «segons antigament es i font establit i acostumat en temps dels sarrahins». La apostilla final se repite con frecuencia en la regulación que el monarca instruye sobre los *usos* en las tierras conquistadas, continuidad de las prácticas andalusíes, afirmando su validez y legalidad en los aspectos técnicos y administrativos. Los privilegios concedidos son confirmados por su hijo Pere I el Gran en 1282 y mantenidos por sus sucesores. La repoblación cristiana no solo mantuvo la herencia hidráulica andalusí, sino que también la acrecentó, preocupación que se ha mantenido hasta nuestros días que tanto ha contribuido a lo largo de siglos a la economía de la ciudad de Valencia y su extenso campo de control e influencia.

En el régimen político de *Sharq Al-Ándalus* (Oriente Andalusí), las taifas mediterráneas cuya conquista terminó por decisión de Jaime I configurando el Reino de Valencia, las comunidades podían construir libremente y explotar los molinos que precisaran, pudiendo incluso disponer de su titularidad. Sobre la tolerancia de la administración andalusí a este respecto, el investigador del Centre d'Estudis Contestans Joaquín Navarro Reig dice: «La molineria a Sharq Al-Andalus està controlada per els mateixos camperols». Esta precisión la amplía el historiador Sergi Selma Castell: «La organización social interna de las comunidades rurales andalusíes, con un alto grado de autonomía funcional respecto al poder estatal, les permitió desarrollar los mecanismos tecnológicos necesarios. En este caso los molinos y los hornos, para poder completar el ciclo de la transformación y la elaboración de algunos productos agrícolas». Ambos investigadores coinciden en que la relación de estos medios con la gobernación se reducía al pago de los impuestos instituidos por la Administración, dentro de un sistema de control y organización como bien social que cubría las necesidades locales de las comunidades de los musulmanes valencianos, en el que los molinos estatales eran minoritarios.

La conquista cristiana instaura la política de privatización feudal que deja en manos de muy pocos el control de los medios de producción y la propiedad de la tierra, parcelada en territorios de dominio señorial o eclesiástico. Consecuencia del radical cambio de las estructuras sociales, los molinos andalusíes, tanto los reutilizados como los de nueva planta, pasan a ser monopolio de renta privada y su titularidad a la corona, a los nobles, a las comunidades religiosas y obispados. Jaime I, en la articulación del nuevo estado como Reino de Valencia que va configurando desde los inicios de la conquista militar, se reserva molinos que aumentan substancialmente sus rentas, extendiendo después el control real sobre los nuevos molinos, su entrega y concesiones, impuestos y beneficios, un sistema de ingresos básicos de la corona. Con este nuevo escenario político-económico, el molino pasa a ser objeto fiscal, control social y coercitivo por parte de la estructura estatal, señorial o eclesiástica, que incrementaba y favorecía su poder con ingresos por la propia explotación, prestaciones, arriendos o cargas impositivas. A este lucrativo y seguro negocio de las clases privilegiadas, basado en la necesidad alimenticia de cerrar el ciclo productivo del cereal a la harina, venía añadido con frecuencia el del «trigo de huerta», es decir, el cultivo con riego, que aumentaba su producción sobre el de secano en una política cerealista unida a la molinería que favorecía a la renta de los señoríos, según el profesor de Historia Medieval de la Universidad de Boston e hispanista Thomas F. Glick en su libro *Regadío y sociedad en la Valencia medieval*.

En el sometimiento por servidumbre y vasallaje del despótico ordenamiento feudal, que decidía arbitrariamente sobre vidas y haciendas, este dictaba condiciones impositivas por las cuales el campesino en su trabajo, además de la entrega de parte de las cosechas, había de pasar por la tiranía del monopolio señorial de la fragua, la taberna, la almazara, la carnicería, el molino y, ocasiones, el horno. Eran instrumentos en manos del poder nobiliario, eclesiástico o real, que incrementaba sus rentas y dominio a costa de la extrema explotación de los campesinos.

El molino completaba el ciclo productivo como intermediario entre las cosechas de cereal y su conversión en harina, ya que, si bien es posible cocer el pan en hornos caseros, la molienda obligaba al paso del grano por el molino, con un costo para el campesino que, generalmente, se satisfacía en especie, con un porcentaje de la cosecha en grano o harina: la maquila. Por esta sujeción sin alternativas de los campesinos a cerradas estructuras de poder, el molino era un negocio que generaba elevadas y seguras rentas, cargas que gravitaban penosamente sobre la trabajosa vida y el perpetuo endeudamiento campesino.

Conflictividad administrativa y legal del molino. El dilatado proceso de administración y regulación de la molinería a lo largo de siglos y su importancia económica han generado una descomunal acumulación jurídica de competencias, arrendamientos, litigios y disputas entre dueños de molinos, municipios, nobleza, realeza e Iglesia (obispados, órdenes religiosas, monasterios…); enfrentamientos sociales, denuncias de abusos; conflictos de utilización del agua en cursos fluviales comunes, entre dos o más poblaciones y entre regantes y molineros, en el usufructo de un bien común y compartido. Un largo proceso ligado a los bienes de producción que llega hasta la explotación e inversión capitalistas con las innovaciones tecnológicas de la Revolución industrial y una legislación de nuevo orden.

En la regulación de la red del regadío histórico contamos con un elemento básico, los partidores/*partidors*, lenguas/*llengües*, un tajamar levantado sobre la acequia que divide las aguas en dos ramales para su distribución, basada en la proporcionalidad del reparto a distintos puntos, «por el cual se transformaba en una cantidad real de aguas el derecho de cada porción de tierra regada en relación a las demás», define Thomas F. Glick en su libro *Regadío y sociedad en la Valencia medieval*, donde aporta una extensa documentación y notas sobre los múltiples y repetidos conflictos del agua entre molineros y labradores, en el intento y preocupación jurídica de compatibilizar el uso del agua para riego y el aprovechamiento alternativo de su fuerza motriz. La necesidad de aumentar las prestaciones para atender el crecimiento poblacional complicaba la ampliación de sistemas de aprovechamiento sobre los mismos caudales, siempre reducidos y sujetos a acusadas carestías.

Los molinos necesitaban de un suministro constante de agua que no siempre podían obtener ni tampoco el tiempo que quisieran frente al uso preferente de irrigación de los cultivos, determinado por tandas y días establecidos. El historiador Tomás Peris Albentosa, que ha investigado en profundidad las relaciones sociales en la Huerta, nos dice que la prioridad del uso del agua para el regadío prevaleció mayoritariamente en las tierras valencianas desde la época andalusí, lo cual obligaba en muchas ocasiones al trabajo temporal de los molinos.

La dependencia y alianza de intereses de molineros y regantes respecto a las aguas de las cuales ambos se beneficiaban ha sido origen de numerosos conflictos y litigios. El agua no contaminada del molino podía pasar, sin perder calidad, directamente al riego, puesto que no la consumía, pero sí podía ocasionar mermas en la disponibilidad del caudal por el mal estado de las instalaciones. Los molinos podían causar daños a otros usuarios del agua por la alteración de niveles, producida por la utilización del molinero a su conveniencia, lo cual podría reducir o paralizar su aporte, ocasionando retenciones, remansando aguas que perjudicaban a las acequias, inundando campos y perjudicando a las cosechas. En otras ocasiones era el molinero el perjudicado por el excesivo aprovechamiento de un caudal por el regante, que le privaba del necesario aporte o reducía. Conflictos permanentes entre campesinos y molineros que se agravaban con la escasez de agua, las repetidas sequías y, especialmente, durante el verano, periodo de menor caudal precisamente cuando más la necesitan los campos. Y, entre otros desafueros, el uso indebido, con provecho propio y perjuicio de segundos, que ha dejado como metáfora la frase popular «Llevar agua a su molino».

Tomas Peris Albentosa, en su libro *Els molins d'aigua valencians (segles XIII-XIX)*, aporta una prolija relación de datos y documentación sobre la diversidad de disputas, pleitos y contratiempos generados por molineros y regantes en el usufructo de un bien común. En el mismo sentido contamos con otro gran especialista, Thomas F. Glick, con su libro *Regadío y sociedad en la Valencia medieval*. Su observación y estudio de la conflictividad se extiende a todo el ámbito de la administración y usos del agua, agrícolas, molinería y doméstico; del precario equilibrio y de la rivalidad entre molineros y agricultores que se veían unos a otros como enemigos, así como de la función del Tribunal de las Aguas de Valencia. La institución jurídica más antigua de Europa ha sido un actor clave en la solución de los conflictos que ha generado la regulación y buen uso del agua. Su ininterrumpida intervención desde el siglo IX en la época califal hasta nuestros días, dirigida al buen funcionamiento del complejo sistema de regadío de las ocho acequias nacidas del río Turia, ha sido ejemplar. Su peculiar funcionamiento y sus procedimientos jurisdiccionales de inmediata solución resolvían en el día y de viva voz los litigios presentados, con gastos mínimos y escasos recursos humanos. En 2009 la Unesco lo declaró Patrimonio Cultural Inmaterial de la Humanidad.

El libro *Molins i Moliners*, del Centre d'Estudis Constestans (varios autores), agrupa una valiosa documentación de litigios, cuya solución o veredicto se dilató en ocasiones durante años. También enfrentamientos sucedidos en varias etapas históricas que, aunque referidas a la comarca del Comtat, pueden muy bien extrapolarse al resto de las tierras valencianas: hechos tratados por diversos autores que se generalizan en todas las comarcas con idénticas o parecidas causas y que ponen de manifiesto la compleja y nada fácil funcionalidad de aquellos molinos y su relación con la red vital del riego.

Los molinos como legado patrimonial

> Provenimos de un mundo que no hemos conocido y serán otros quienes nos cuenten cómo era. Los campesinos no pueden hacerlo.
> Han desaparecido y nunca escribieron su historia.
> *Vidas a la intemperie*, Marc Badal

Desde finales del XIX, la molinería hidráulica tradicional en el País Valenciano inicia un progresivo declive hasta su total desaparición a mediados del XX. Las nuevas fuentes energéticas ponen fin a una modalidad productiva de suma importancia en la economía e historia de las sociedades mediterráneas. Abandonados los molinos, el edificio sin mantenimiento sucumbe a los estragos de la intemperie; ruina progresiva con frecuencia acelerada por el expolio de los materiales de construcción o de la venta o utilización de la teja moruna que dejaba la cubierta de la techumbre inerme ante los elementos. Muchos de ellos fueron arrasados por las transformaciones agrícolas, por polígonos industriales, la expansión urbana incontrolada y operaciones especulativas que han supuesto, además, la pérdida de suelos agrícolas entre los más fértiles de Europa. Algunos, modificados, se aprovecharon como viviendas; otros como almacenes agrícolas, para guardar aperos y vehículos, o se convirtieron temporalmente en pequeños núcleos productores —llegando en ocasiones a tener cierta envergadura—, acogidos a la electricidad generada por las turbinas instaladas en sustitución de las ruedas de la molinería. El deterioro del edificio o su ruina, la pérdida de la maquinaria y la alteración de las estructuras originales para adaptar el edificio a nuevos usos dificultan o impiden en muchos casos su datación y estudio.

De los centenares de molinos dispersos por la geografía valenciana, muy pocos han sobrevivido conservando edificio y maquinaria en estado satisfactorio, y otros, recuperados y destinados a museos, representan un reducido porcentaje del rescate patrimonial. Resultan impresionantes los conjuntos de molinos asociados a los ríos, redes de riego, comarcas y lugares que alcanzaron su máxima expansión a mediados del XIX. ¿Cuántos molinos ha habido? ¿Cuántos quedan en perfectas condiciones? ¿Cuántos son visitables? Estas son preguntas de difícil respuesta. El ilustre geógrafo Vicenç M. Roselló cita un elevado número de molinos en su *Geografía del País Valencià*, en el epígrafe «Conjunts remarcables de molins», de cuyo estudio y la necesidad de un inventario de la molinería deduce entre otras observaciones: «Ben segur que podríem reconstruir la densitat de població —dels consumidors de pa, de farina— a base del mapa dels molins».

Benjamí Barberà, en su colosal trabajo *Catàleg dels molins fariners d'aigua de la província de Castelló: resclosa, peixera, pesquera*, registra nada menos que 463 molinos existentes en la actualidad. José Serrano Julián y Miguel Antequera Fernández, del Departamento de Geografía de la Universidad de Valencia, citan numerosos molinos en la Ribera de Xúquer y el Alto Palancia. Enric Guinot da cuenta, entre otras comarcas de molinos, del río Vinalopó, de la Sénia y del Valle de Ayora. El Centre d'Estudis Contestans, en su notable obra de recopilación y estudio *Molins i moliners. Els molins hidràulics fariners del Comtat*, ha catalogado y descrito en sus características la totalidad de molinos comarcales. En todos los territorios valencianos hay constancia de la plural utilización de la energía hidráulica representada por la molinería en sus distintas versiones (de harina, arroz, aceite, esparto, pólvora...), así como maquinaria, sierras, martinetes y los batanes de la industria textil y del papel. Un monumental legado revelador de lo que ha significado la fuerza motriz del agua y su aprovechamiento en el desarrollo tecnológico y en la mejora de la productividad de la sociedad humana. Es una histórica realidad que expresivamente sintetiza el ya citado Vicenç M. Roselló cuando afirma: «L'aigua és vida, és energia, és riquesa. A banda —o al costat— de l'ús agrícola».

Molí d'Alfara. Valencia

Molí de Montcada. Valencia

La sociedad moderniza sus actividades incorporando las innovadoras tecnologías que se suceden en su permanente evolución y tiende a olvidar o destruir todo aquello que ha dejado de tener una utilidad económica o funcional, borrando vestigios que nos revelan el pasado. Los molinos tradicionales, como exponente de una cultura extinguida, adquieren por definición la consideración de patrimonio cultural, etnológico y arquitectónico unido a los paisajes culturales del agua. Su valoración no debe limitarse solo al edificio y la maquinaria, sino también a todos los dispositivos anexos complementarios e interrelacionados con el funcionamiento del molino; los sistemas de conducción del agua, azudes, acequias, balsas…, así como los caminos para acceder con cargas al molino, con caballerías o carros, las vías de comunicación y de servicio para atender a sus necesidades de integración en el tejido social y laboral de su ámbito. Sin olvidar que la lectura en un espacio humanizado de todos los elementos que participan en la función del molino es el referente de trabajo y formas de vida que nos ayudan a descifrar el pasado, el diálogo con nuestros antecesores de la herencia recibida como rasgo identitario.

La sencillez de la arquitectura del molino, proyectada para la instalación de los mecanismos que garantice su buen funcionamiento, generalmente sin ostentación exterior y sin rasgos diferenciadores de otras construcciones domésticas o auxiliares del trabajo, ha sido apuntada por distintos autores como una de las causas de su abandono patrimonial. Pasan desapercibidos, no quedan en el imaginario colectivo a diferencia de los espectaculares y vistosos molinos de viento. A esta observación, cabe añadir la tendencia a identificar la importancia del legado arquitectónico con su monumentalidad e infravalorar o desestimar por su sencillez sus testimonios más modestos y populares, considerados como obra menor de anónimos constructores. Esto pese a ser obra de gran magnitud, en su mayoría desarrollada por las sociedades tradicionales en su vinculación a la cultura popular del agua y a su rendimiento económico. En las áreas irrigadas, sometidas a una fuerte presión transformadora por su mayor demografía, tal como acontece en la Huerta de Valencia, esta ha sido una de las causas de la desaparición de numerosos molinos. En cuanto a las comarcas interiores, donde el molino era un testimonio más del colapso de un modelo económico agrario determinado por la geografía, estos han corrido igual suerte y muy pocos se han rescatado de la inminente ruina.

No todo ha sido desinterés y olvido, pues la protección de tan monumental conjunto de molinos, en un país donde la acumulación patrimonial es considerable, no ha sido ni es tarea fácil. El reconocimiento social e institucional de su legado ha dado paso a una creciente y positiva preocupación por su valoración histórica y cultural. La Universidad de Valencia ha fomentado esta creciente inquietud con una abundante bibliografía, avalada por el nivel académico y de investigación de sus autores, que en parte he reseñado como lecturas aconsejables para quien desee ir más allá de los presentes escritos.

El turismo cultural es un factor económico trascendental en la sociedad actual que, por su labor divulgadora de nuestro patrimonio, se revela como un recurso para su mantenimiento. Algunos molinos están en un periodo de restauración por parte de la Generalitat Valenciana, museos, municipios y centros comarcales; su protección, en la que debe haber una unidad entre la sociedad civil y la Administración, es la estima y homenaje a las gentes que en el pasado les dieron vida, a la historia del trabajo, memoria de la creatividad y el ingenio humano. Una necesaria aproximación a la ciudadanía de su pasado que genera respeto y el sentimiento de identidad y pertenencia a una comunidad.

El molino de Vera y el Agromuseu

El molino y la ermita de Vera se encuentran situados en el término municipal de Valencia, lindando con el de Alboraia, en el camino de la Iglesia de Vera, próximo a la Universidad Politécnica de Valencia por el norte. Hasta 1871, el conjunto de los dos edificios y el lugar pertenecían a Benimaclet, cuando por Real Orden el lugar se incorporó a Valencia.

Molino y ermita, unidos por una pared medianera y compartiendo un pórtico que cubre la entrada a los dos edificios, conforman un histórico conjunto arquitectónico y etnológico rescatado y puesto en valor del patrimonio de la Huerta. Cercano a la ciudad, reúne en su entorno el emotivo paisaje agrícola configurado sobre la red de acequias del regadío del Turia y en un medio social, productivo y cultural asociado a la gestión del agua y su histórica vinculación de la ciudad de Valencia con su huerta.

La acequia de Vera, una deriva de la de Rascanya, da nombre a los dos edificios y al espacio de su ubicación. La corriente tomada de la acequia e incrementada por las aguas nacidas del Clot de Vera, *brollador d'aigua* o *ullal* (manantial del acuífero de la huerta) cercano al conjunto, generaba la fuerza motriz para mover los rodetes y muelas del molino harinero.

Ermita de Vera. De larga tradición en el ámbito de este sector de la Huerta, de sencilla arquitectura popular, en la que destaca la modesta espadaña de un solo vano y una campana, es la expresión de las creencias campesinas. Su verdadero nombre es el de Inmaculada Concepción, pero el emblemático lugar donde se emplaza ha tomado fuerza y prioridad en el habla coloquial y es así como es conocida en la actualidad. Al parecer, los orígenes de la ermita se remontan al siglo XV, si bien el actual edificio es del XVIII.

Agromuseu Molí de Vera. Valencia

El pan y los molinos harineros de agua en las tierras valencianas

La compra a Benimaclet del molí de Vera en 1409 por el Cabildo de la Catedral de Valencia certifica por primera vez su existencia y emplazamiento, dentro de la incertidumbre cronológica que con anterioridad acompaña a la cita de molinos que, pese a su aproximación y características de emplazamiento, no precisaban con certeza su identificación con el de Vera. Tras la conquista de la taifa de Valencia por Jaime I, en la entrega de tierras y bienes como compensación de guerra aparecen los molinos, sujetos a partir de ese momento al ordenamiento feudal y registrados en el *Llibre del Repartiment*.

La riada de 1957 cegó el Clot e inutilizó el molino, que ya no fue restaurado debido a su elevado costo sin rentabilidad posterior. El abandono precipitó el deterioro y ruina del edificio y de las instalaciones hasta que en 1983 el Ayuntamiento de Valencia adquirió el molino, la ermita, el Clot y los terrenos contiguos. En 1998 la Universidad Politécnica de Valencia y el Ayuntamiento de Valencia firmaron un acuerdo de colaboración para la restauración y puesta en valor patrimonial del conjunto del molino y la ermita de Vera y para impulsar actividades culturales, científicas, académicas de estudio, investigación y sociales. En 2004 dieron comienzo las obras de rehabilitación y en 2006 se inauguró el conjunto, obras y proyectos consumados con el destino previsto de la ermita para el culto y el del molino para crear un museo etnológico, ambiciosa propuesta que se consolidó en 2011 con la creación de la Fundación Agromuseu de Vera como centro de reunión, investigación y documentación sobre temas agrícolas. La biblioteca creada en la sede del museo favorece y da solidez a este objetivo con sus más de 14000 volúmenes, bibliografía considerada de máximo nivel en su ámbito, lograda gracias a la cesión de colecciones particulares de prestigiosos investigadores y profesores, entre las cuales descuellan por su relevancia las pertenecientes a los eminentes ingenieros agrónomos Luis Font de Mora y Pascual Carrión. La Fundación formaliza las donaciones de la cultura popular y de colecciones de libros que han dotado y enriquecido el museo y conserva y valora el patrimonio agrícola valenciano como espacio público, educativo y cultural.

En toda su dimensión, el edificio rehabilitado del molino ha cobrado vida y protagonismo como sede del Agromuseu. Los distintos departamentos interiores y pisos del molino conservan estructuras y dispositivos rescatados y cuatro de las seis muelas originales; los accesos del agua, puerta, compuertas…, además de material didáctico, que aproxima al visitante el proceso de la moltura y a su compleja y original creatividad. La vocación fundacional del molí de Vera por la cultura y valoración de nuestro patrimonio se acrecienta con su biblioteca especializada, sala de reuniones y los espacios de fuente documental y sede para el estudio y comprensión del pasado de los cercanos y vivos paisajes huertanos.

El molí de Vera explica en su conjunto el curso de la moltura harinera. De forma didáctica, el visitante puede seguir el proceso desde el exterior, la captación del agua y su utilización como fuerza motriz en la ingeniería del siglo XVI y seguir con el esmerado ordenamiento de los mecanismos de funcionamiento en las salas y niveles internos del interior. Las aguas derivadas de la acequia de Rascanya, con el aporte del Clot de Vera, entraban en el molino por cinco entradores para activar los correspondientes rodeznos —en el XVI contaba con seis muelas—, para volver nuevamente a la acequia de origen y aprovechar su caudal en la agricultura, dentro del doble beneficio compartido entre molineros y agricultores. Una unidad en el compromiso del museo con los cercanos y vivos paisajes huertanos de su entorno.

En otra vertiente patrimonial, el museo alberga la mirada y respeto a la Huerta, a su vida representada por la inmensa colección de elementos de la cultura popular, enseres domésticos, utensilios, herramientas, aperos y variados objetos relacionados con la vida y el trabajo agrícola, sencillos elementos que nos recuerdan el día a día de las sociedades que nos antecedieron. Tan profusa recopilación es producto, en gran medida, de las donaciones desinteresadas de personas y colaboradores, legado que el museo ofrece con esmerado cuidado como espacio público.

Los molinos de Ares del Maestrat

Cinco molinos harineros construidos en el siglo XVIII, situados en las proximidades de Ares del Maestrat y alineados a lo largo del barranc dels Molins, constituyen un notable testimonio de la arquitectura del agua, la interrelación de estructuras hidráulicas y el máximo aprovechamiento del sistema de alimentación. Espectacular conjunto representativo de la molinería tradicional que ha sido declarado Bien de Interés Cultural (BIC).

Un itinerario a pie recorre tan singular concentración de molinos, escalonados sobre el acusado desnivel del curso del barranco, aprovechando el mismo caudal descendente del agua que, después del paso por un molino a una balsa, movía las ruedas del siguiente. La expresiva unidad y belleza de elementos, edificios, conducciones y caminos de servicio, documentan a la vista muchos de los aspectos tratados en estas páginas de la molinería. Obra modélica de la ingeniería preindustrial, representativa del inteligente uso de los escasos recursos hídricos, en este caso sujetos a la temporalidad de las lluvias otoñales o de primavera que suponía la inmovilidad de los molinos durante meses.

El itinerario. De fácil seguimiento, señalizado como sendero local SL CV 45, tiene su punto de partida en la misma población de Ares del Maestrat. Un panel informativo en el punto más elevado y salida del itinerario desde la población da cuenta del completo guion del recorrido. A su vez, cada molino cuenta en su emplazamiento con mesa de interpretación, textos y dibujos de excelente ejecución. Ejemplar puesta en valor por el Ayuntamiento de Ares de tan notable patrimonio y su aproximación didáctica al ciudadano que hace del todo aconsejable la visita, no solo por la valiosa aportación del conjunto al conocimiento de la molinería preindustrial, sino porque el espacio de su desarrollo se inscribe en un cautivador paisaje natural y cultural creado por la geografía y la historia que preside mirando al cielo una de las poblaciones más bellas del País Valenciano.

Ares del Maestrat. La trama medieval urbana de la población se agrupa al pie de una moleta rocosa, emplazamiento de su castillo, hoy pobres ruinas que rememoran la historia de siglos escrita en sus arrumbados muros. Ares, anclada en un peldaño avanzado de la muela situada a sus espaldas, es el corazón de un paisaje que domina desde su elevada posición la diversidad del relieve de un amplio horizonte, hacia el mar, y tierra adentro en el escenario natural y cultural del legendario Maestrazgo. Montañas, hondas vaguadas y las pesadas muelas, cumbres amesetadas y blancos bancos calizos que emergen horizontales y escalonan en largos peldaños sus pronunciadas laderas. Evocadores paisajes donde la vida humana ha dejado la esforzada impronta de una difícil subsistencia. Bancales y caminos ganaderos perfilados por la piedra seca revelan en los anchos espacios horizontes de un inhóspito relieve las fatigas de las gentes que los crearon y les dieron vida.

> **Itinerario:** Ares del Maestrat (1194 m) - Molí de la Roca (1010 m) - Molí del Planet o Molinet (984 m) - Molí de Dalt o de la Casa (960 m) - Molinet del Bassot (934 m) - Molí del Sol de la Costa (906 m) - Ares del Maestrat (1194 m).
>
> **Tiempo de marcha:** 2:00-2:30 horas
> **Distancia:** 5640 m
> **Desnivel:** Uno de 280 m
> **Observaciones:** Señalización y documentación pueden haber sufrido alteraciones por su exposición a la intemperie.

Desde el panel informativo podemos abarcar visualmente la totalidad del barranc dels Molins, un estrecho vallecillo profundamente hendido bajo la población, desde la cabecera del barranco donde se inicia el sistema hidráulico hasta el profundo cauce, un paisaje humanizado testimonio de un modelo de vida agro-pastoril. Descendemos hasta localizar un poste indicador que señala el *cup,* boca de carga del primero y más elevado de los molinos. Conviene ver esta boca antes de alcanzar el molino al que alimentaba y que daba paso al agua que caía por un tubo vertical de sección circular, en su mayor parte excavado en la roca, en una impresionante caída de 25 metros. La abrupta cabecera del barranco configura un espectacular anfiteatro rocoso, el Salt, por donde se desploman al vacío las aguas torrenciales durante las lluvias, seco gran parte del año.

Molí de la Roca. A una distancia de unos 1350 m desde Ares. Altitud: 1010 m. Construido en los años 1774-1777. Aprovechaba las aguas recogidas de lluvia, del ullal de la Roca y de la font dels Regatxols, que le llegan por acequias y por el *cup* citado a la cárcava del molino. Desde aquí y como a vuelo de pájaro se ve todo el complejo y el esquema de integral aprovechamiento del agua, conducciones, balsas de regulación y de alimentación, repetido hasta el último de los molinos, escalonados y todos beneficiados por el mismo caudal.

Molí del Planet o Molinet. Altitud: 984 m. Altura del vertido de alimentación, 11 m. La ruina parcial del edificio permite ver el interior del molino, su distribución con la dependencia superior como almacén. Una segunda planta con dos espacios: la sala donde se encuentran las muelas, subterránea para que la harina no se mojara, donde el agua con su caída impulsaba la rueda motriz.

Molí de Dalt o de la Casa. Altitud: 960 m. Obra del siglo XIX sobre construcciones anteriores del XIII, XVII y XVIII. Destaca su utilidad como vivienda del molinero en la parte superior, la distribución inferior, cuadra, sala de molienda y cocina, el notable tamaño de la balsa y su boca de carga, de sección hexagonal, en pendiente, con escalera de unión con la balsa.

Molinet del Bassot. Altitud: 934 m. De probable origen medieval, construido en el siglo XVIII (1760-1765). En el XIX se introdujo la *limpia*, máquina que separaba el grano de las piedras y la paja. Balsa de alimentación circular, por lo cual también es conocido como molí de la Bassa Redona.

Molí del Sol de la Costa. Altitud: 906 m. Construido entre 1796 y 1798: esta última fecha está esculpida en el dintel de entrada al molino. Formaba parte de la masía homónima y, al parecer, el nombre —*costa*, cuesta— hace referencia a la larga subida hasta la población. En el aspecto constructivo destacan tres unidades: el acueducto de 37 m con un arco para trasponerlo, el conducto de caída del agua en forma de torre defensiva de 15,4 m y la sala que permitía el funcionamiento de dos muelas a la vez, o solo de una, según las necesidades de producción. Desde este último molino salimos a una estrecha pista que seguimos por la izquierda, en sentido descendente. 710 m, Indicador del SL de subida a Ares. Altitud: 903 m. A partir de aquí sube un largo camino de herradura, de magnífica ejecución, que abre la perspectiva de estrechos bancales abiertos en le media luna de los barrancos y que se suceden hasta las primeras casas de la población, un verdadero monumento de piedra.

Molí de la Roca

Molí del Planet o Molinet

El pan y los molinos harineros de agua en las tierras valencianas

Molí de Dalt o de la Casa

Molinet del Bassot

El pan y los molinos harineros de agua en las tierras valencianas

Molí del Sol de la Costa

Bibliografía

Barberà i Miralles, Benjamí. *Catàleg dels molins fariners d'aigua de la província de Castelló*: *resclosa, peixera, pesquera.* Editorial Antinea. Vinarós (Castelló). 2002.

Cascant Jordà, Josep Vicent. El lèxic del blat al Comtat. *Alberri,* n.º 28. Centre d'Estudis Contestans. 2018.

Cortés Llopis, Joaquín; Navarro Reig, Joaquín; Soler Moltó, M.ª Desamparados y Català Ferrer, Enric. *Molins i Moliners. Els molins hidràulics fariners del Comtat.* Centre d'Estudis Contestans. 2007.

Glick, Thomas F. *Regadío y sociedad en la Valencia Medieval. Del Cenia al Segura.* Valencia. 1988.

Glick, Thomas; Guinot, Enric y Martínez, Luis Pablo. *Els molins hidràulics valencians. Tecnologia, història i context social.* Edicions Alfons el Magnànim. Diputació de València. 2000.

Guinot Rodríguez, Enric. «La huerta medieval de Valencia: origen y transformación de un paisaje histórico». VV. AA. *La Huerta de Valencia. Un paisaje cultural con futuro incierto.* Publicaciones de la Universidad de Valencia. 2012.

Hermosilla Pla, Jorge; Palau, Guillermo y Capilla, José E. *Veus per l'Horta.* Universidad de Valencia, Universidad Politécnica de Valencia, Delegación Valenciana del CSIC (Consejo Superior de Investigaciones Científicas).

Hernàndez Dolç, Agustí. Entrevista a Enric Guinot Rodríguez. *Mètode. Revista de Difusió de la Investigació.* Universitat de València. Número 36. Año 2002/2003.

Ignatius Burns, Robert. *Colonialismo medieval. Explotación postcroada de la València Islàmica.* Volumen 9. Biblioteca d'Estudis i Investigació. Tres i Quatre. 1987.

López Gómez, A. *Geografia de les Terres Valencianes*. Tres i Quatre. 1977.

Peris Albentosa, Tomás. *Els molins d'aigua valencians (segles XIII-XIX)*. Institució Alfons el Magnànim. Diputació de València. 2014.

Peris Albentosa, Tomás. La molinería hidráulica en el territorio valenciano durante los siglos XIII-XIX. *Investigaciones Geográficas*, n.º 57. Instituto Interuniversitario de Geografía. Universidad de Alicante.

Roselló i Verger, Vicenç M. *Geografia del País Valencià*. Edicions Alfons el Magnànim. 1995.

Selma Castell, Sergi. *Els molins d'aigua medievals a Sharq Al-Andalus. Aproximació a través de la documentació escrita dels segles X-XIII (IV-VII H.)*. Ajuntament d'Onda. 1994.

Sendra Bañuls, Fernando. *Molins d'aigua a la Vall d'Albaida*. La Caixa d'Estalvis d'Ontinyent. Obra social. 1998.

Sendra Bañuls, Fernando. *Passeig per molins d'aigua de la Safor*. Edicions del Bullent. 2001.

Sendra Bañuls, Fernando. *La arquitectura del agua*. Centre Excursionista de València. 2003.

València i Leonardo, Eugeni; Escudé i Monfort, Jaume; Martos y Aubanell, Josep María y Casal i Fábrega, Joaquín. *Temàtica històrica, social i de costums. Moles, molins i moliners*. Boletín n.º 17. Centre d'Estudis de la Terra Alta.

València i Leonard, Eugeni; Escudé i Monfort, Jaume y Martos y Aubanell, Josep María. *Temàtica històrica, social i de costums. Moles, molins i moliners*. Boletín n.º 19. Centre d'Estudis de la Terra Alta.

VV. AA. *Temes d'Etnografia Valenciana*. Sèrie dirigida per Joan F. Mira. Edita, Institució Alfons el Magnànim. Volúmenes I, III y IV.

Yarza, Ibán. *Pan de pueblo. Recetas e historias de los panes y panaderías de España*. Penguin Random House. 2017.

Zapater Espinosa, Pedro y Valdés Sanjuán, M.ª Dolores. *Guía de la arquitectura del agua*. Asociación para el Desarrollo del Alto Vinalopó. 2006.

Obras del autor

1981 - *Montañas Valencianas I*
1983 - *Montañas Valencianas II*
1986 - *Montañas Valencianas III*
1991 - *Montañas Valencianas IV. Comarcas Alicantinas I*
1992 - *Montañas Valencianas V. Comarcas Alicantinas II*
1997 - *Montañas Valencianas VI. Comarcas Alicantinas III*
1997 - *Montañas Valencianas VII. Sierra de Espadán*
2000 - *Montañas Valencianas VIII. La Cabecera del Palancia*
2001 - *Montañas Valencianas IX. La Tinença de Benifassà*
2002 - *Parajes Mágicos de la Comunidad Valenciana*
2005 - *Castillos de montaña en la Comunidad Valenciana I*
2006 - *Altea, mar y montañas*
2006 - *Por las cumbres de la Comunidad Valenciana. Cincuenta montañas escogidas*
2007 - *Castillos de montaña en la Comunidad Valenciana II*
2007 - *El Macizo del Caroig*
2009 - *Caminando por el Alto Mijares*
2010 - *Castillos de montaña en la Comunidad Valenciana III*
2011 - *La arquitectura de la piedra seca*
2013 - *Caminos junto al mar*
2015 - *Las fortalezas del Júcar en la Comunidad Valenciana*
2017 - *Valencia musulmana. Alquerías fortificadas y torres defensivas*
2919 - *Caminos y castillos de la sierra Calderona*
2023 - *Castillos junto al Júcar en la Comunidad Valenciana*

Colaboraciones:

El Valle de Ayora
Altea villa mediterránea
El Alto Palancia
Los Serranos
Excursiones por las montañas españolas (dos volúmenes)
Caminos Naturales de España
Senderismo en la Comunidad Valenciana

EDITORIAL
SARGANTANA